卓球センス養成講座

勝つためのセンス、テクニックはここを磨け！

Table tennis

著者
三島崇明

まえがき

Tリーグの盛り上がり、そして2021年に開催予定の東京オリンピックでの日本選手の活躍への期待もあって、卓球の競技人口は急増。卓球への関心はかつてないほど高まっている。

ただ、残念ながらその関心の高まり、技術や用具が進化していくなか、技術書や指導者が追いついていないのが現状だ。

私がこの本を書くのを決めたのも、編集者に受けたこんな質問がきっかけだった。

「現代卓球で、大きな視点で見ると、90年代と最も変わったところはどこか？」

即答だった。

「用具、特にラバーの進化に、指導がついていけていない」

これは現代卓球で一番のカギとなっているところと言って良い。

本書では、「このプレーをするためには、どんな意識でどんな練習をすればいいのか」。そして、「その際にどんなラバーを使うと自分のスイングや、打ちたい打球と噛み合うのか」。そういった現代の卓球に欠かせない視点をベースに、解説を進めていこうと思う。

その点を踏まえつつ主に卓球のテクニック、センスを向上させるための技術面について書かせていただいたが、上手くなるためにはもうひとつ大切なことがある。

頭脳だ。

これはなにも勉強の出来の良し悪しについて言っているのではない。選手は卓球とどう向き合うべきか、そして指導者であれば選手に指導する際にその点をどう教えるべきか、自分にとって卓球はどんな存在なのかを常日頃から考えるということだ。

卓球とは何かと聞かれると、私は「人生そのものです」と即答できる。それほどまでに、卓球に人生の時間のほとんどを捧げてきた。

もちろんこういった選手生活を、若い選手全員に押し付ける気持ちはない。だが、選手たちには「卓球は自分にとってどんな存在か」を、常に答えられるようにと教えている。そして常に、やるからには上を目指す姿勢を忘れないようにと教えている。

指導の際にも小学生、中学生、高校生が相手の場合、「自分は地区・地域で、都道府県で、そして日本でどれくらいまでいけるのか」という目安をもって、日々の練習に取り組んでほしいと伝えている。

大人になって忙しく仕事をしながら競技を続ける、あるいはシニアの部になってから始める方などは、目標はもっと身近なものに切り替わってくるだろうが、いずれにしても、必ず「少しでも上を目指す」という意識で練習に励んでほしいと思っている。

年代別に具体的に上を目指す意識を設定してみると、以下になるだろうか。

■初心者と小学生

卓球界は、エリートアカデミーの存在で一気に〝初期教育の意味〟が変わった。エリートアカデミーは国がバックアップしている組織。トップレベルになるために、大きな目標を掲げて選手生活に入る子供は、まず「ここに入るのか（入れるのか）、そもそもここを目指すのか」という点が、大きな分岐点となる。

そのレベルにまでない子供、一般的に卓球を楽しむようなスタイルの場合は、初期教育をきちんとできる指導者のもとでプレイすることに徹したい。

■中学生

しっかりした選手としての自覚と意識を育む時期だ。

私は、中学生くらいの選手には、子供から一人の選手に変わったんだよという意味を込めて、次の言葉を贈っている。

「自分の力を信じて振れ、2つ上を目指せ」

壁に当たれば、自分はここまでかなと思ってしまう。折れやすく自分自身を信じ切ることができないのが中学生という時期だ。

そこで、「信じて振れ」と教える。

そして、「2つ上を目指せ」と言う。

私は、長い卓球人生のなかで目標を達成することの難しさを痛感してきた。

若い頃の私の口ぐせは、「卓球で日本一になる」だった。結果、様々な全国大会で優勝をさせていただきながらも、日本でトップというところまで到達することができたのかは、自分でもわからない。

ただ、全日本選手権の男女混合ダブルスで3位という成績を残すところまでは到達することができた。その時に思ったのだ。みんなから笑われるような大きな目標でも、そこに猪突猛進に突き進んでいれば、大目標から1つか2つ下くらいの成績なら達成できるじゃないかと。

多くの人から笑われた私の夢「卓球日本一」は、今では多くの人が認めてくれる『全日本選手権・男女混合ダブルス3位』、つまり、日本でベスト3という形で結実した。今では、当時の私の夢の話を誰も笑うことはないと思う。

無理と笑われるほどの大きな夢を掲げ、少し背伸びして〝2つ上〟を目指せば、きっと、思いもよらない高いところまで到達することができる。身体も技術も成長真っ只中の中学生には、その可能性が十分にある。

■高校生

すべては、高体連のために。

ただその1つの目標に向けて、練習を積んでいく日々となる。

高体連というのは、選手としての大きな一区切りとなるだけではなく、一生ものの思い出を作ることができる場所だ。

日程的に国体なども同じ時期になるため、秋のジュニアと全日本選手権も同じように大きな目標にしつつも、〝すべてを春に賭けていくイメージ〟で取り組んでもらいたい。

そしてここでも、「自分の力を信じて、2つ上を目指せ」。

このことを忘れずに、日々を大切に、丁寧に練習を積んでほしい。

高校生にとっての3年間は、長いようで短い時間だ。高校生ともなれば、周囲の友達などからの違う遊びへの誘いも多いだろう。

だが、その3年間という短い時間に成し遂げたことは、必ず一生の宝物になる。これは私が保証する。高体連にはそれだけの魅力がある。一生、そのことを語れるという思い出になる。

道を外れそうになった時や、挫折しそうになった時は、どうか『自分の力を信じて、2つ上を目指せ』という私の座右の銘を思い出してほしい。

■大学生

4年後の決断に向けて、という時期となる。

4年後とは〝大学卒業後〟という意味で、就職して卓球をやめるのか、卓球をできる環境を求めて就職をするのかということだ。

大学時代の4年間は、そこに一流の卓球環境があれば大学内で、そうでなければクラブチームに所属しながらプレーするという形でいいだろう。

高校時代よりも人生の先を見据えながら、楽しんでプレーしてほしい時期だ。

■大人の部

多くの場合、仕事をしながらプレーをするという状況になると思う。その状況のなかでも、全日本選手権・マスターズの部という、年代別の大会を目標に据えてみるのもいいだろう。

私の教え子で、Kという選手がいる。心技体ともにバランスの取れた選手で、私にとっても自慢の教え子の一人だ。このKは、30代になってからも日々丹念に練習を積んだ。高校時代には大きな実績を残せなかったにもかかわらず、今では30代マスターズの部で北海道ナンバーワンと言えるほどの実力にまで成長。40代のマスターズに出る頃には全国トップを目指したいという、5~10年計画でしっかりと卓球に取り組んだ結果と言えよう。〝大人になってから強くなった〟という好例だ。

卓球は、いくつになっても自分を高めてくれる競技である。その証としても、このマスターズという大会の存在意義は大きい。社会人であれば、5年後くらいを見据えながら目標地点をしっかり定め、毎年、この年代別マスターズの大会を目標にするといいのではないだろうか。


いずれの目標を掲げるにせよ、「今日はこれを覚えよう」、「今日はここを修正しよう」と、しっかりと課題を頭のなかで意識しながら練習に入ってほしい。

心構えのある練習と、ただラケットを振っているだけの練習。その差は大きい。後者は、もはや練習とすら言えない。

卓球センスの向上に最も大切なことは「意識」。やる気と、何を意識して練習に取り組むかだ。

それだけで、あなたはまだまだ上を目指せるようになる。

ぜひ、今現在の自分より格段に上手くなる自分を思い描いて、練習に取り組んでいただきたい。

三島 崇明

contents

第1章

自分のフォームを見つける

■自分のフォームを見つける

卓球を始めるにあたって最初にお伝えしたいのは、自分のフォームを見つけるということ。

卓球に限らずほかの競技でもそうだと思うが、プレーに一度クセがついてしまうとそれを直すのは簡単ではない。「病は治るが癖は治らぬ」ということわざがあるほど、一度しみついてしまったクセを矯正するのはなかなか難しいものなのだ。

しかし、初期の段階で基礎がしっかり身についていれば話は別。

卓球は始めたての時の初期教育が非常に重要で、始めたての選手は自分に合った正しいフォームを強く意識する必要がある。また、指導者であれば、相手が小さい子供の場合は特に、きちんと正しいフォームで打つということをしっかりと教えなければならない。

私の場合、初期に打ち方を固めてからあとは、常に「自分のフォームを見つけろ」

という言葉を選手に伝えるようにしている。

「この打ち方なら入る」、「この打ち方ならいろいろなボールに対応できる」というポイントは、個人によって差があるもの。したがって上達すればするほど、相手が強くなればなるほど、柔軟に個性と長所を引き伸ばしていかなくてはいけない。

〝自分のフォームを見つける〟という考え方が、最もしっくりくる言葉なのだ。

では、自分のフォームを見つけるためには、何を意識しながら打つべきか。

それは、以下の2点。

・角度
・力加減

卓球のフォームには全選手に共通する正解はない、というのが私の考え。したがって角度と力加減について試行錯誤しながら、常に個性と長所を伸ばすことを意識して練習していただきたい。

私の経験上、できないことを無理に引き上げるより、できることをより伸ばしていくほうが試合で勝てるようになる。つまり「長所の見極め」が勝負のカギだ。そういう意味では選手の長所を発揮できるフォームこそが、その選手唯一の〝正解〟となる。

だが、個性を生かすというのは、あくまで最低限の基礎が固まってからの話。まず、初心者は、フォームの基礎をしっかりと固めること。正しい基礎に裏打ちされていない個性では、ただの〝メチャクチャ〟だ。

その基礎については、このあと『グリップ』や『フォアロング』といった項目別に解説をしていく。

まずは基礎を固める。基礎が固まってからは自分の長所を見極め、自分だけのフォームを見つける。

これに徹してほしい。練習の中身の濃さが、必ず変わってくるはずだ。

■グリップ

グリップに関しては、〝自然体で握る〟ということが最も重要なポイント。変なクセがついておらず、教科書通りの角度で人差し指と親指が出ていれば合格となる。

ここでは、その角度について詳しく解説する。

現代はシェークハンドが全盛の時代。まずは、シェークハンドを例にしよう。下記の写真のような持ち方が基本となる。

シェークハンドのフォア（上）とバック（下）

フォア、バックともに、指がラバーに少しかかるくらいが基本の持ち方。

また、サーブの際には、中指・薬指・小指を折りたたんでサーブを出すようにしてほしい。王道のやり方だが、この指のたたみ方でサーブを出すとボールにかかる回転量がまったく変わってくるので、初心者の方はしっかりと覚えていただきたい。

ペンホルダーのグリップの場合、ラケットの裏側では、中指・薬指・小指を3本揃えて並べるイメージで持つのが基本となる。

また、ペンホルダーの場合は自分で人差し指と親指があたる箇所を、ヤスリで削る選手も多い。自分に合うように調整する技術も同時に養っておきたい。

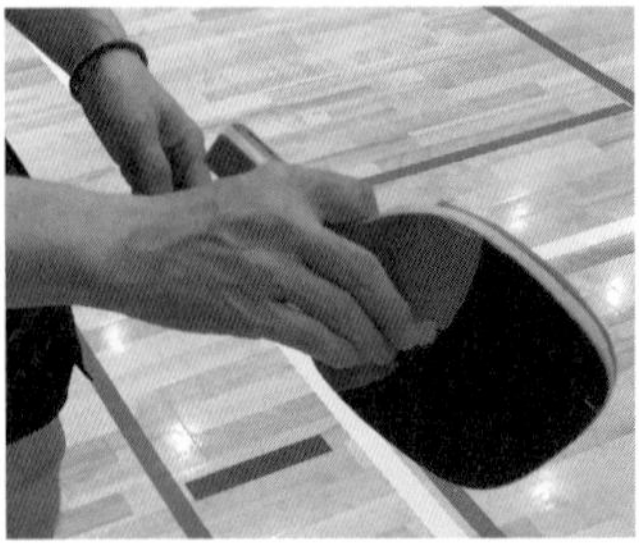

ペンホルダーのフォア（上）とバック（下）

削り方のポイントは、「削りすぎない程度に、自分の指が木に当たって痛くないくらい」というさじ加減が良いだろう。削る作業は人任せにはせず、自分で確認しながら少しずつ調整していく。

中国式ペンの場合も基本的には同様。ただし、こちらは、裏面の指をやや「抱え込む」ようにして持つと良い。

中国式ペンホルダーのフォア（左）とバック（右）

さて、卓球を始めたばかりの方にはちょっと早いかもしれないが、私が実践している「相手選手のグリップを見るだけで見抜けること」をお教えしておこう。

試合で勝つために役立つ見方でもあるので、常日頃から意識するように心がけたい。

大会で、初対戦の相手の時——。

相手がシェークハンドの場合——。

①親指がラバーに大きめにかかっていたら、その選手はおそらくバックハンドで強く振ってくる

②親指がラバーにかかっておらず木の位置にある選手は、たとえシェークハンドでもフォアがメインのドライブマンであることが多い

グリップひとつでこのように予測することができ、試合を始める前に相手の得意な打法がわかる。当然、試合での戦略も決めやすくなる。

たとえば②のように親指がラバーにかかっておらず、メインとなる攻撃はフォアドライブの選手だろうなと予測できれば、たとえシェークハンドでも、ペンホルダーの得意技〝回り込んでのシュートドライブ〟を警戒する（私の場合はこの相手をペンだと思って試合に臨む）。

十分に警戒したら、相手のフォアにボールを回して相手に飛び込ませる。そうなると相手は、初対戦にもかかわらず得意技をまったく披露することができなくなる。これによって、相手の生命線である〝回り込んでのシュートドライブ〟を防ぎ切って試合を終わらせてしまうという寸法だ。

このように基本の〝キ〟から、すべてを見抜かれてしまうこともあるのだ。

上級者向けの話で、実践するのは経験を積んでからでもいいが、ラケットの持ち方ひとつでもバカにしてはいけないということを知っておいていただければと思う。

■フォアロングにおける「バックスイング」と「フォロースルー」

フォアロングの注意点は、縮こまって打たないようにすること。縮こまって打つと、フォームが小さくなる。

意図的、意識的に小さくしているのなら良いが、そうではない場合、特に初心者の場合は大きすぎず、かつ縮こまらずに打つことを意識したい。

必要なことは、次の2点。

・バックスイングをしっかり取ること

・フォロースルーをしっかり取ること

これだけでいい。

大袈裟にやる必要はないが、バックスイングとフォロースルーだけは、適度につけておかなければ、競技レベルが上がった時に相手の回転やスピードに負けてしまうので初期の段階から意識しておくこと。

初期段階では、基礎のフォーム——流れるようなきれいなフォーム——を強く意識してラケットを振ること。

指導者、あるいは教本のなかには「フォアは顔の前まで振る」と指導するものもあるが、私の場合は「顔を少し過ぎるまで振る」と教える。

この意識、動作が、競技レベルが上がった際の攻撃力に繋がるからだ。

また、フォアアロング、そしてフォアドライブでは肘を上げて打っても良い。指導者によっては異論があるかもしれないが、ボールの高さまで肘を上げて打つことで、スイングにパワーを乗せることができるのだ。

ただし、入れにいこうとして、あまりにも肘を上げすぎないようにすること。肘

縮こまらずに、バックスイングからフォロースルーまで流れるような動きを意識すること

は上げても良いが、ボール以上に上げすぎないように注意が必要だ。

また、下から擦り上げすぎるのも良くない。これも意識的なループドライブの場合などは話が別だが、意図的ではない場合はしっかり後ろに引いて、ラケットを前に前にと出すようにし、きれいに打つことを心掛けたい。

ここでひとつ、私の、現代流のオススメの打ち方をお教えしておこう。ボクシングのフックのような打ち方だ。

打つ際に横殴りのような勢いをつけて、ボールにパワーを加える。

かなり肩の力を要する打ち方なので、怪我にだけはくれぐれも注意してほしいが、フックの要素でボールにパワーを乗せることができる。この打法は覚えておいて損はない。

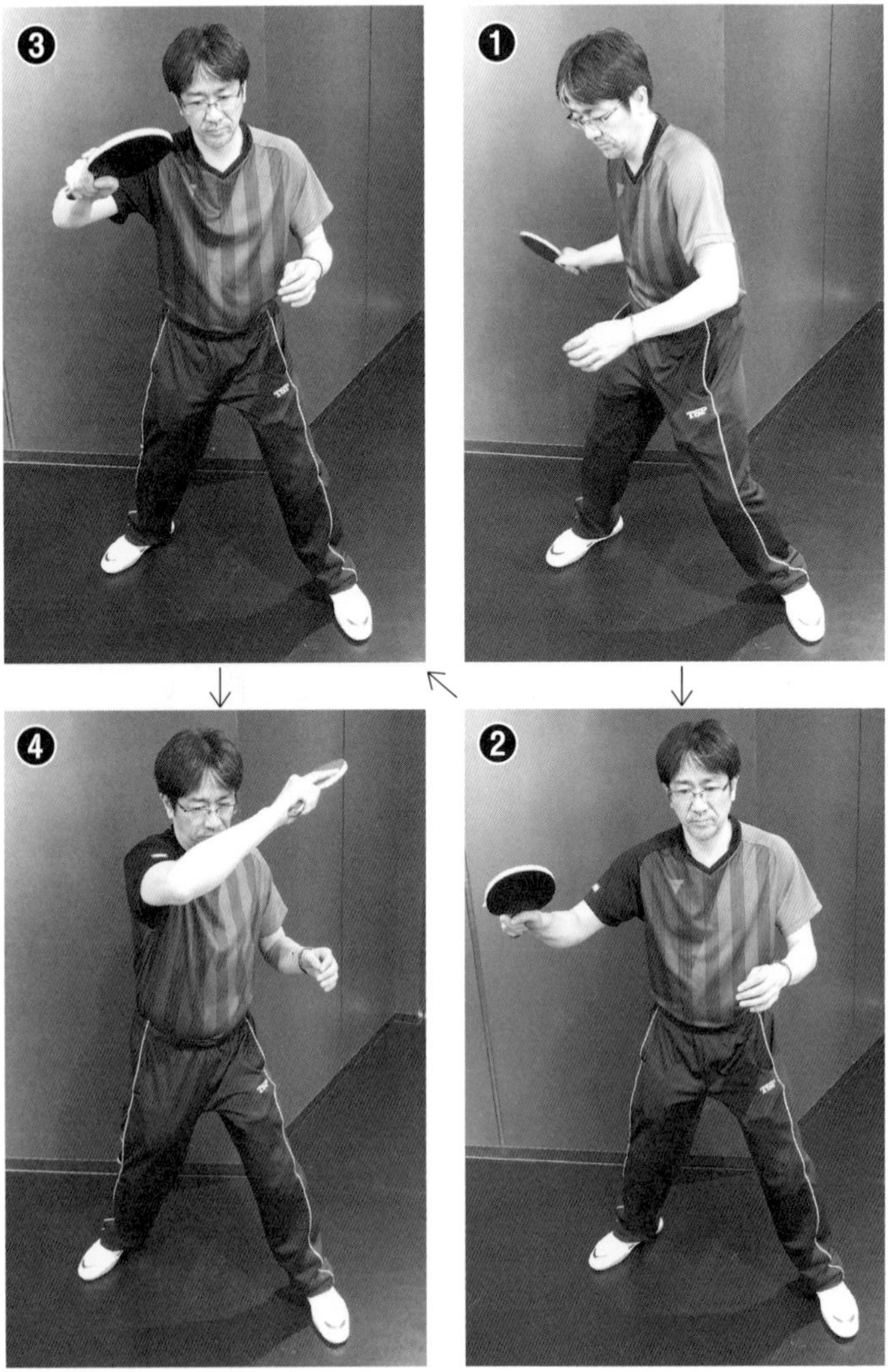

ボールの高さまで肘を上げて、体重を乗せるように打つ！

最後にもうひとつ。

フォームがあまりにも乱れているのは、必ず修正しておくべき。

プロレベルになると応用としてそういう変則的な打ち方をすることもあるが、一般的な選手は理にかなったフォームに修正しながら打ったほうが先々の伸びしろはより大きくなる。基礎をおろそかにして（変則的な）プロの打ち方の真似をするのはやめておいたほうがいいだろう。

■バックロングにおける「バックスイング」と「フォロースルー」

フォアと同時に、バックハンドの基礎固めも怠らずに行ってもらいたい。現代の卓球では、フォア、バックの両ハンドで打ちながら攻めていくことは必須だ。基本的なバックロングのフォームがちゃんと身についているということが、その先の強烈なバックドライブを打ったり、チキータを主体とした卓球を展開したりすることに繋がっていくのだ。

ちなみに私自身は、高校2年生の頃からそれまでのフォアドライブ一辺倒のスタイルから、両ハンドで打っていくスタイルに切り替えた。

ではここでも、主にシェークハンドを例にして、説明していこう。

基本は、おへその位置までラケットを軽く引く。ここでは肘から下、特に手首を軽く引く感覚でいい。そのままラケットの先端を立てるようにして回し、肘を使って腕も捻るようにして打つ。

バックミート、ならびにペンホルダーにおけるバックショートは、ラリー中には主に〝ツナギ〟として使うことが多い。つまり、簡単にミスをしてはいけない技術で、基礎中の基礎となる。

多球練習でもいいが、単純にバックミート対バックミートで打ち合い、20回、30回、50回と途切れず続けられるように反復練習をすることが大切である。

バック面が裏ソフトラバーの場合は、ボールを持つ時間を自分で調整できるようになるのがベスト。ここを意識してほしい。

〝ボールを持つ時間〟とは、ラバーに当たっている時間のこと。

コンマ数秒のことではあるが、インパクトの瞬間、ボールをラバーにしっかり食い込ませる打ち方をするのか、食い込ませずに弾く打ち方をするのかによって、球質からラバーの選び方までかなり変わってくる。自分が打ちたい球質を考えて、適

ラケットをおへその位置まで引き、そのままラケットの先端を立てるようにして回し、肘を使って腕も一緒に捻るようにして打つ

した打ち方、ラバーを選ぶようにしたい。

一方、バック面に表ソフトラバーを貼っている選手は、少しボールを持つ時間を短くし、あまりラバーに食い込ませず、軽く弾くように打つと良いだろう。

■ツッツキとストップ

ツッツキとストップも、バックロングの軽打と同様にツナギとしてミスなく完璧にできるようにしておきたい。

ミスのないツナギに仕上げていくという点ではバックミートと同じなのだが、フォアロングやバックミートよりもさらに気をつけておきたいポイントがある。

それは、低さ。

ツッツキやストップがほかの技術と決定的に違うのは、ボールの速度が遅いということ。

初心者は主にストップよりもツッツキを使うが、中級者や上級者はツッツキよりもストップを多く使い、台上にツーバウンドしないストップ（つまりツッツキ）が来たら、ほぼ確実に引っかけていく（ドライブをかけて打つ）。

つまりツッツキの概念は、初心者にとってはとにかくラリーを繋げるために入れるもので、中級者や上級者にとってはツッツキに対して自分がツッツくくらいなら本来は打ってしまいたいボール、つまり〝チャンスボール〟という認識でプレーしている。

したがって、「台上でツーバウンドをさせて相手に打たせないようにする。」これが中級者・上級者が使うストップの概念となる。

言ってみれば、ツッツキもストップも、ひとつ手元が狂えば相手に狙われやすい、ただのチャンスボールとなる。

だからこそツッツキやストップは、相手に思い切り打たれないようにすることが最も重要となる。

思い切り打たれないために大切なのが〝低さ〟なのだ。低く返すことを、何よりも重要視してもらいたい。

なお、打つ際にはツッツキはおへそから前へ、ラケットの面は台と並行より、やや立てるくらいの角度でなめらかに出す。フォアツッツキも同様に、なめらかに角度をつけていく。

ストップの場合は、ボールタッチの瞬間にラケットを壁にして優しく当てるような感覚をもって練習すると良いだろう。ラケットで包むような感覚で止める技術を身につけたい。

反対にダメな打ち方——高いストップで失敗しがちな選手に多い打ち方——は、ボールを入れたい気持ちが強すぎて下から上へラケットを動かしてしまう選手だ。それではストップが高くなってしまって当然。

最初はミスをして構わないので、ラケットを下から上に動かすのではなく、ラケットを適度な角度の壁にして、柔らかく当てることを意識すると良いだろう。

もちろん最初から適度な角度、上手い角度は見つからないと思う。ただ、これに慣れてくると、相手のサーブが斜め下回転のサーブなのか、横回転のサーブなのか

ツッツキは常に低く、低くの意識をもつこと

の判断がつかなかったときでもどちらにでも返球できるような、ちょうど良い角度が見つかるというレベルにまで達するはずだ。

ストップは、基本的に相手の短いサーブに対するレシーブとしてか、相手のストップに対して使うもの。誰もが苦労するレシーブ練習の一環でもあるので、精度の高いキメ細やかな小技としてしっかりマスターしてもらいたい。

■戦型による、立ち位置と足の置き方を覚える

この後の項目で、卓球は初心者でも足さえ間に合えば（ボールに対して足の位置さえ間に合えば）何とかなるということをお伝えするが、その〝足を間に合わせる〟練習をする前に知っておくべきなのが正しい足の位置。

特に、レシーブ時の構えでは足の位置が重要となる。

個人差があることで、選手によって構え方は微妙に違うだろうが、フォアハンド主体で回り込む王道の卓球をする選手の場合は、ややフォアを開けてフットワークを生かせるような立ち位置が良い。

一方、両ハンドで打って出る選手の場合は、やや中央に近い立ち位置が良い。

極端な話、大袈裟にさえならなければ自分がプレーしやすい構え方で良いと思うが、まれに逆足（右利きの選手で言うと、右足が前）で構える選手がいる。さすがにこれはやりすぎ。つい「突拍子もないことはしないほうがいいぞ」と言いたくなってしまう（カットマンや、ツブ高マンなどは除く）。

ある程度王道の卓球をする、フォアが主体のドライブマンの場合は、やはり並行足よりやや右足を引いたくらいが基本となる。ただし、何か明確な戦術の意図がある場合は、極端な構え方をするのもありだ。

基本的には、左ページの写真のような構えで、立ち位置はセンターラインあたり

①正面、②横、③後ろから見た基本的な構え。
台との距離感もこれが基本となる

に構えるのがいいだろう。

　しかし、これがチキータから入ることが多い選手になると、話は変わってくる。フォアで回り込んで始動するか、バックで回り込んで始動するのか、相手にそれをわからなくさせるためには、並行足くらいで台の真ん中あたりに構えるのも良い。

　また、女子の卓球では、ピッチの速さを上げるために並行足に近い形で構える選

①のように立ち位置をしっかり確認して、②構える

手もいる。これも理にかなっている。

たとえば、平野美宇選手は2019年の世界選手権で、右利きにもかかわらず右足を少し前に出す、やや逆足気味な構え方でシングルスの一回戦を戦っていた。

これは、「チキータから入ったほうが、試合がしやすい」ということだろう。

まずは基本の構え方を覚えたうえで、自分の戦型に合わせてベストな立ち位置を選び、見つけていただきたい。

また、よく「試合中に構える位置を変えるのはありでしょうか?」という質問を受けることがあるが、私はありと答えている。相手によって構える位置を変えることは、非常に有効な戦術のひとつだからだ。

続いて、構え方においてあまり言及されないラケットの位置についてもお教えしておこう。


上げすぎないこと。

だが、引っ込めすぎないこと。

どのボールにもスッと、手が出る位置にラケットを置いてほしい。当たり前じゃないかと思われるかもしれないが、大会に出ている選手をよく観察すると、わざわざラケットの位置について触れる理由がわかるはず。自分がラケットを置きたい位置に構えていて、初動がやや遅れてしまっている選手が何名か見つかるはずだ。

構えからレシーブに移る一歩目。前傾姿勢を維持したままなめらかに右に体重を移動していく。

まとめると、極端すぎること、大袈裟なことはやめて、まずは右利きなら左足が前、左利きなら右足が前という基本を押さえること。

なお、プレー中に足を置く角度は、台に向かってある程度真っすぐに。そして重心は、〝ベタ足〟すぎると動きが鈍くなってしまうので、ややつま先のほうに体重を持っていく。そうすることで、体の角度もほどよい前傾姿勢になる。

ただ、これは何が何でも守る、絶対に崩してはいけないというものではなく、そうするのがベターということ。バランスよく動けるポイントというのは個人差があるので、練習のなかで自分に合う形を探ってみていただきたい。

いずれにしても、かかとに体重が乗りすぎて、前傾姿勢が取れずに棒立ち状態になってしまうのだけは避けたい。

かつて知人に「卓球のフットワークはボクサーのフットワークと本質的には同じ」だと言って、練習に縄跳びを多く取り入れていた選手がいたが、なかなか理にかなった練習方法だと感心した。こうした練習も有効だろう。

★絶対にやるべき基礎的な多球練習方法①
～足さえ間に合えばなんとかなる！～

多球練習の方法について、お教えしていこう。

多くボールを使うこの練習の一番の良さは、リズムを体に染み込ませることができるということ。反応の速度も鍛えることができる。

私はよく、多球練習の際には、一定のリズムをとりながら選手にこんな言葉をかけている。

「1！ 入れろ」

「2！ 狙え」

「3！ 回転」

リズムよく動きながら、まずは「入れろ！」、次に「角などのコースを狙え」、そして最後に「回転をかけろ」という順番で意識するように教えている。

オールフォアで動く多球練習から解説しよう。

球出し者は、右に1球、左に1球。

これを繰り返す。

練習する選手は、フォアに来たボールは飛び込んでフォアで打つ。バックに来たボールは回り込んでフォアで打つ。つまり、オールフォアで打つ。

球出し者、選手A、選手Bと、3人でやると練習しやすい。

ボール数の目安としては、球出し者のテンポとスピードにもよるが、5ダース程度。だいたい60球を1セットとするのがいいだろう。

これを2セット繰り返す。

続いて選手をAからBへ交代し、今度はAが球拾いをしている間に選手Bに2セット。また選手Aに交代し、2セット。

一度の練習で、一人4セットほど多球練習ができれば十分だ。

なお、この練習の一番の目的はボールを台に入れることだけではない。

〝足が間に合うようにすること〟。

この意識が大切だ。つまり、自分が打つ適切な位置までしっかり動けるようにするということ。要するにこれは、フットワークを鍛える〝足の練習〟という意味合いが大きい。

下半身を鍛え、〝足さえ前に合えば〟、初心者でも試合ではなんとかなるものだ。まず、初心者やフットワークの基本を始めたての選手は、この「足さえ間に合えば何とかなる」を合言葉に、多球練習に励んでほしい。

卓球の場合、足が間に合わないと、手だけを伸ばしたその場しのぎのような打ち方になってしまう。手だけを伸ばした打ち方、わかりやすく言うと「フットワークを使わない怠けたような打ち方」をしていると、試合で必ずボロが出てしまう。

自分のやりたいプレーをするには、足を間に合わせること。これが重要となる。

この練習は、いわば卓球における１０００本ノックのようなもの。常に怠らず、練習を重ねてもらいたい。

また、多球練習では、必ずしもスリースターなどの試合球を使用する必要はない。練習用のボールで十分に可能だ。

たとえば、ニッタクの「Jトップトレーニングボール」などを使用するのがいいだろう。多球練習に適した、非常に使いやすいボールだ。

★絶対にやるべき基礎的な多球練習方法②
～切り返しでは、身体も切り返す～

続いて、基礎固めとして、さらに重要な多球練習をお教えしたい。

切り返しだ。

球出し者は、フォアへ1球、バックへ1球を交互に出す。

選手Aは台の真ん中に立ち、フォアに来たボールはフォアハンドで打ち、バックに来たボールはバックハンドで打つ。

2ダース終わったら、今度は選手Bが台に入り、選手Aが球拾いをする。この流れはさきほどと同じ。

フォア・バック・フォア・バックと、リズムを作っていく練習だ。何度も何度も、できることなら毎日、毎日、しつこいくらいに繰り返してほしい。

これも、よく知られたポピュラーな練習方法ではある。

しかし、これをしっかりと〝血肉にできる〟練習としている選手と、そうではない選手とでは大きな差を感じる。

この切り返しの練習は、ただ交互に切り返して打てばいいというものではない。

重要なことは〝身体も切り返して打つ〟ということ。

私がこの練習中によく選手にかける言葉は、次のようなものだ。

「フォアこそ、身体を切り返せ」

「バックは、身体を切り返しすぎるな」

バックハンドで打つ時に身体も完全に切り返してしまうと、レベルが高くなればなるほど、フォアハンドの際の切り返しが間に合わなくなってしまう。

〝しっかり身体を切り返す。だけどそれはフォアだけでＯＫ〟

この意識もって、練習してみてほしい。

その際は、身体だけではなく、足も小さくとも細かく動かして、向きを切り返しながら打つように意識すること。

こうした意識ひとつで、切り返しの練習が「意味のある練習」か「そうでない練習」かに変わってくる。日々の差は小さくても、ほんの数カ月の期間で非常に大きな差がついてしまうことのなるので、強い意志を持って続けてもらいたい。

身体も切り返すという、「動く意識」をもって練習してほしい。

一つひとつの練習の意味を考え、一つひとつのプレーを意識することこそが卓球センスを磨く最良の道だ。

★絶対にやるべき基礎的な練習方法③
～フォア・バック&フォア～

基礎的な多球練習には、主に3つの方法がある。

最後にその3つ目をお伝えして、第1章の締めとしたい。

球出し者はフォアに1球、バックには2球を連続して出す。

選手Aはフォアに来た球はフォアで打ち、バックに2球続けて来る球は、1球目はバックミート、2球目は回り込んでフォアで打つ。

これをリズムを取りながら、フォア・バック→回り込んでフォア、という流れで、飛び込み、切り返し、回り込みをミックスさせる。

この練習を球出し者がある程度のスピードで出しているなかで、十分に動き切れていれば、初心者レベルは〝脱出目前〟と言えるところまできている。しっかり練習についていけるよう、頑張ってほしい。

球出し者のスピードについてもアドバイスしておこう。

「無理のない範囲で、やや無理をするくらいのスピード」

このあたりが、ちょうど良い落としどころとなる。

無理のあるスピードでは意味がないが、リズムを作る練習、ならびに「足を間に合うようにするための練習」でもあるので、選手が楽々ついてこられるスピードでは遅すぎる。

球出し者は、時々選手の表情を見つつ、あまりにキツそうな場合は個別の体力や年齢に応じて休憩を挟んでもいい。健康を害するほどの無理だけは禁物だ。

だが、多練習の基本の目安としては、あまり無謀になりすぎない程度にしつつも……「心もち無理！」と、最後の最後は選手がギブアップするくらいのスピードを出して、下半身を強化していくイメージだ。

特に若い選手は体力の回復も早いので、球出し者もリズムを刻むように、一生懸命、左右対称に力の入ったボールを出してほしい。

ちなみに私は現在、メトロノームを使ってリズムと時間を測って繰り返し練習させている。

それほど、この多球練習というのは、卓球選手にとっての命と言える大切な練習なのだ。


中級者や上級者になればなるほど、初心者の時代のように多球練習をやらなくなってしまう選手がいるが、それはあまりにももったいない。

せっかく身につけた技術、特にフットワークが錆びついてしまうことになる。

全日本選手権に出るクラスの選手たちの多くは、上級者になってからも多練習をしっかりとやっている。


最後に、もうひとつ。

私独自の多球練習法があるので、ご紹介しておきたい。

それは、「ミスしたら終わり・多球練習」という方法だ。

私が球出し係で、下回転カットを一本ずつ出す、それを5人から10人くらいの選手が一本ずつ交代でドライブしていく。

ミスしたら、脱落。

ミスした者は、戻ってこられない。

すると、最後までミスしなかった者が、より多く練習時間を確保することになる。

日々、誰が最後まで残っているのかを眺めていると、誰が成長しているか、どの選手が絶好調なのかもひと目でわかるようになる。これは私のオリジナル練習法だが、ぜひ、試してみてほしい。

練習のマンネリ化も防げるし、変化をつけることで多球練習を楽しんで、好きになっていただけるとうれしい。

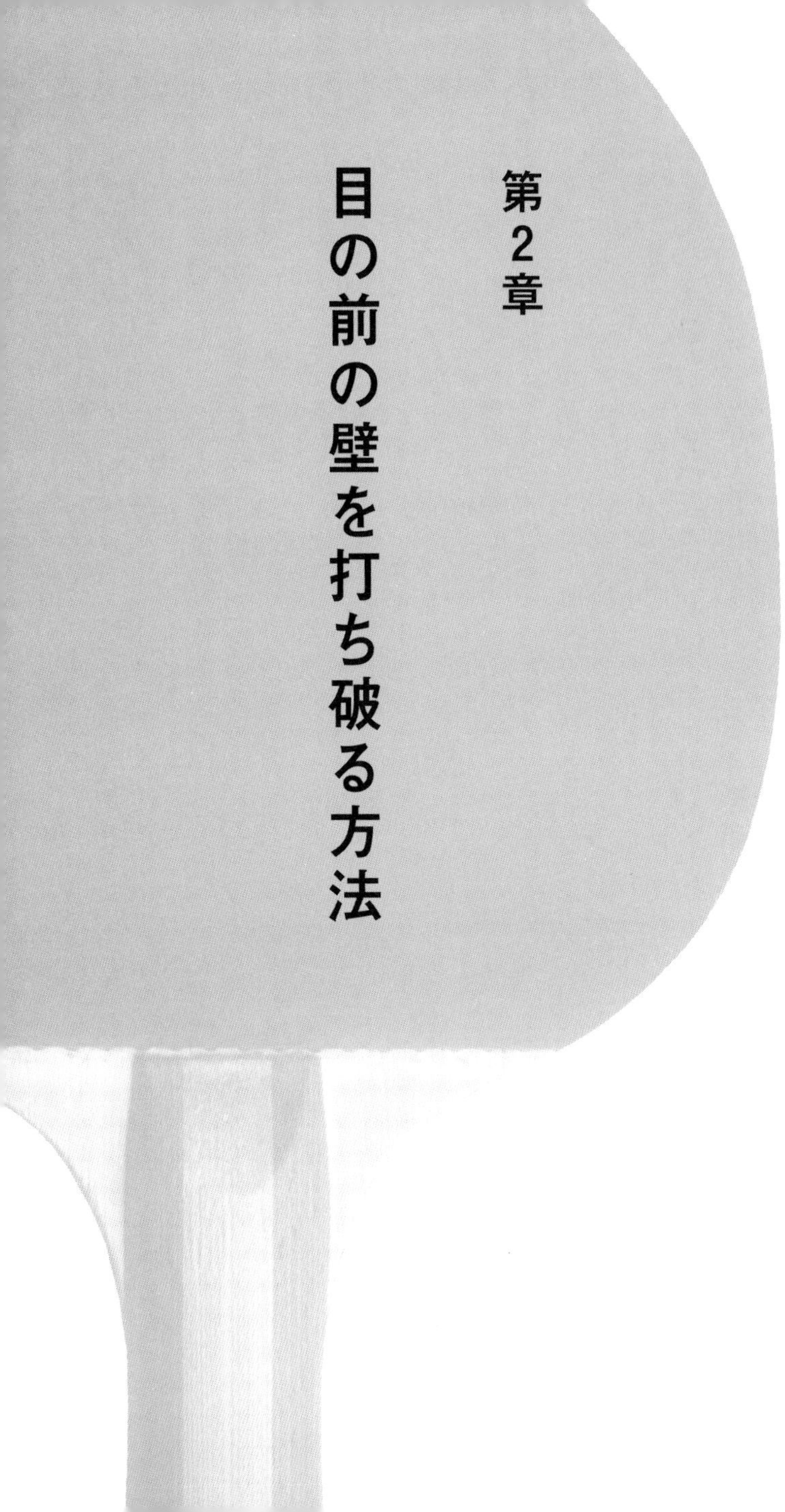

第2章 目の前の壁を打ち破る方法

■短所を直すよりも、長所を伸ばす

目の前に立ちはだかる壁を打ち破るためにはさまざまな考え方があるが、そのなかのひとつに、徹底的に長所を伸ばすという方法がある。私は、このやり方をオススメしたい。

第1章でも多少触れたが、多くの選手たちと関わり、また指導をさせていただいてきた経験から、私は短所を直すよりも、長所を伸ばすことが大切だと深く実感するようになった。

当たり前だろうと思うかもしれないが、実はこれがなかなか難しい。

指導者としての目線で書かせていただくと、選手の短所というのはすぐにわかる。ミスをする、ボールが浮く、甘いボールになるなど、わかりやすく表れるからだ。

しかし、長所は目を凝らして見抜かなければなかなか気づかない。なぜなら、〝入っているボール〟のなかのどこかに長所があるからだ。

これを見極めるには、指導者側に選手のプレーの本質を見極める眼力と、選手の能力を伸ばすために何が何でも長所を見抜いてみせるという姿勢、意志が必要となる。

本書の後半で、新しい時代に指導者はどんな指導をすべきか、そして選手は無数の指導者のなかからどんな指導者を選べばいいかという話を書かせていただいたが、いずれにしても念頭に置いておくべきは、自分の（指導者であれば選手の）長所を伸ばすという意志を持つこと。

自分（選手）の長所はどこなのか。

自分（選手）の持ち味は、どのボールなのか、どの展開なのか。それを常に考えるクセをつけていきたい。

修正できそうな短所を直すことはもちろんだが、もし、自身の長所と上手くかみ合う練習方法を見つけたら、すぐにでも実践してみるべき。それが現状打破の大きなヒントになるはずだ。

ここからは〝現状打破〟をお手伝いすべく、具体的な方法を書いていく。自分の長所と上手くかみ合いそう、自分の長所となりえそうだと思うところがあれば、すぐに練習に取り入れていただきたい。

まずは「レシーブ」を取り上げる。

「レシーブが苦手」という選手は多いだろうが、レシーブにも様々な種類がある。そのなかから、自分が得意なレシーブの方法を見つけて、さらに伸ばし、長所として武器になるよう磨き続けてほしい。

■レシーブ①

試合で勝つために最も大切なのがサーブを取ること。つまり、レシーブ。最も大切ではあるが、これで苦労する選手は意外と多い。

初心者レベルを脱出し、試合でも勝てるようになってきた。しかし、いまひとつ現状を打破できない、大きく飛躍できないという選手に多いのが、レシーブの伸び悩みだ。

そこでまずは、レシーブの練習法をお教えしたい。

レシーブは、どうすれば上手くなるか。

卓球選手のほとんどがレシーブに悩んでいるので、どの選手にも共通の解決法がないのは事実だが、確実に言えることは、レシーブの上手い選手、下手な選手の差は〝慣れ〟によるもの。

上級者のサーブに慣れるのがレシーブ上達への近道となり、必ず、試合での〝完璧なレシーブとまではいかなくとも、なんとか返球する手立て〟になる。

今から、当たり前のことを書く。

だが、当たり前すぎて、この原理を忘れてしまっている人のなんと多いことか。たくさん、本当にたくさんいる。そのせいで大切な試合でレシーブを失敗している。

いや、失敗しているというよりも、どうしていいかわからなくなっているという表現のほうが正しいかもしれない。

多くの選手は、〝どうしていいのかわからない状況〟を想定した練習を、きちんとやっていないのだ。

まえがき、第1章を通して、練習とは何を意識して打つか、意識することが大切だと書いた。レシーブもそこなのだ。

試合で、見たこともないサーブを前に戸惑わないようにするにはどうすればいいか。

解決法は簡単だ。

〝見たこともないサーブがない自分〟を作ってしまえばいいのだ。

では、当たり前すぎるが多くの選手が実践できていない、レシーブ上達のための大前提をここでお教えしたい。

あなたは、どれくらいの数の練習場へ出向いているだろうか？

あなたは、どれくらい多くの上級者と練習試合を重ねてきただろうか？

見たこともないサーブは、なかなか返せない。

見たことさえあれば、なんとか返球できる。

受けた経験があるサーブであれば、なんとか返球できる可能性が生まれる。


レシーブとは、そういうものなのだ。

あなたが初対面の相手のサーブを上手くレシーブできないのは、センスが不足しているからではない。苦手だからでもない。

切れ味、コース、切り方、回転量……。それらを、今まで見たこともなかっただけのことだ。

似たサーブを受けた経験さえあれば、レシーブできる。これが、〝レシーブは慣れ〟だという所以だ。

いろいろなサーブに慣れるためには、いつもの練習場だけではなく、多くの練習場へ出向くことが重要となる。

日ごろから、積極的に他チームの練習などにも参加して、自分より格上の選手のサーブにどんどん接していこう。経験値が増えて損をすることはない。

そうやって経験を重ねていくことで、未知の選手と大会で当たった時に、サーブの回転量や、切れ味、曲がり方などに驚かなくなる。

「このサーブならこうかな……」という角度が見つかり、対応できるようになるはずだ。

レシーブ上達の最良の方法は、〝慣れにいく習慣〟なのである。

■レシーブ②

繰り返しになるが、とにかくレシーブで苦労する選手が本当に多い。

ここで、私が指導者として、特に少し上手くなってきた初心者や、中級者レベルの選手に向けたレシーブの指導方針をお教えしたい。

効果てきめんなのは次の一言。まさに魔法の言葉と言えるほど、この一言で上達する選手は多い。

「長いサーブは、なるべく引っかけていきなさい」

引っかけていくとは、フォアで打っていくという意味。つまり、〝長いサーブなら攻撃せよ〟だ。

これは、足が固まらないようにする（レシーブからフットワークを全開にする）という意味においても、最良の一言だと感じている。

指導者はぜひ、この一言を覚えておいてほしい。

そして選手は、ぜひこの言葉を自分自身に言い聞かせてからコートに入ってほしい。常に引っかけていこうという意識を持っておく。

ただし、これはあくまで基本的な意識の持ち方だ。

現代の卓球は〝長いサーブを引っかけていく〟だけでは勝てない。今は短いサーブでも、隙があればレシーブから攻撃していくスタイルが主流の1つとなっている。

そう、チキータの存在だ。

今〝隙があれば〟と書いたが、チキータでいく時は、「この1球はチキータでいくぞ」と決めて、チキータの体勢で入ることになる。よって、短いサーブをチキータしようとしつつも、思いがけず長いサーブが来てしまった場合は、すでにバックハンドで打つ体制に入っているために、バックドライブも同時に鍛えておく必要がある。

強烈なチキータを持っておけば、レシーブで相手のサーブの回転が強すぎて取れない場合でも、それを打破する手立てになるだろう。

卓球は環境のスポーツである。今ではそれが全国的な共通認識、いや、世界の共通認識となっていると感じる。

たとえば世界最強の卓球王国・中国では、仮にトップ選手が怪我をしてもすぐ後ろには次のトップ候補の選手が控えていて、ちゃんとその選手が世界大会に出て活躍している。

今では日本も環境整備が大きく進み、全国の少年少女のなかから選りすぐりの才能がエリートアカデミーを目指す、ピラミッド型の才能判別、やや冷たい言い方をすると、才能の切り捨てが行われるようになってきた。

そのため、日本の卓球界は今、次から次に新星が出てくる状態になっているのだ。

なぜここで環境の話をしたか。

環境によってプレーも変わってくるからだ。

大きく見ると、良い環境には、2つの違いがある。

・打球の威力
・強烈なサーブ

打球の威力に関しては、強烈に伸びてくるドライブと毎日のように向き合っているうちに、自ずとその打球の威力に慣れることができる。

まず、これが、好環境がもたらす好循環。

そして次に、サーブだ。

多彩なフォームと切り方から繰り出される強烈なサーブと毎日のように練習で対峙していれば、そのサーブも取れて当たり前になってくる。レシーブが仕上がってくるのだ。

打球の威力に関して言えば、本当に良い環境に出向くしかない。

自分が田舎の小さな体育館で練習しているのなら、月に一度だけでも都市部のトップ選手が集まる体育館まで行き、練習に参加させてもらう。そういう姿勢が大事だ。

基本的にはレシーブも同じ。自分から出向かなければいけない。

だが、レシーブの場合は好環境でなくてもできる練習がある。それがチキータだ。チキータの回転量と安定性を、徹底的に高める。そして、レシーブ時にバックハンドで回り込む速度を徹底的に練習する。

これは、意識の持ち方ひとつでどんな環境でもできる。

たとえば、下手だけれど、それなりに切れているサーブの相手しかいないのならば、その、どこに来るかわからない、それなりに切れているサーブに、自分の回り込みの速度と間合いを合わせる練習台にしてしまえば良い。

今〝間合い〟という言葉を使ったが、チキータに限らず、卓球では台と自分との立ち位置の距離感、その〝間合い〟がとても大切になる。

詰まりながら打ってしまっては、入るボールも入らない。

そこで、あまり上手くない選手からツーバウンドするくらいの小さなサーブを出してもらう予定でいて、長めの球が来てしまった時などに、それに合わせて詰まらないように素早く動く練習にする。

もしくは、切る予定ではなかったサーブが、変な回転で来た時に、回転がわからない時のチキータのサジ加減の練習にする。

このように格下の相手しかいない環境でも、できることはたくさんある。

特に、レシーブ、そしてチキータでのレシーブにおいては、ハイレベルな練習場に出向かずとも、意識の持ち方ひとつでいくらでも中身の濃い練習ができる、卓球センスを磨けるのだ。


さて、ここまでレシーブ下手を克服する方法を書いてきたが、本来レシーブが下手な選手というのは、ツッツキやストップで返球するという、最も基礎的なレシーブができないもの。

打って出るという方向性は決して間違ってはいないのだが、ツッツキやストップで返球するのが卓球の基礎であり、また、王道のスタイルでもある。

そう考えると、ツッツキとストップで取れないサーブをなんとかして取れる方法はないかと模索することになる。

そもそもなぜサーブが取れないのかと言うと、多くは「縦・横回転系」と「下・斜め下回転系」を間違えてしまうからである。

そこをなんとかする方法をお教えしよう。

「縦・横回転系」と「下・斜め下回転系」を間違えてしまった、その瞬間……というよりも、ラケットを出す瞬間、どちらにもちょうどいい角度というのがある。

どちらの回転だとしても完璧ではないが、どちらの回転だったとしてもなんとか返球だけはできる、ちょうどいい角度のストップだ。急場凌ぎのようなイメージでもいいから、ぜひ、これを覚えてほしい。

力の入れ具合は、ツッツキとストップの中間くらい。ややストップに近い感覚で、もし長く返球してしまったら仕方がないというくらいの感覚で挑む。フワッと、ラケットで優しく包み込むような間隔で練習してみてほしい。

誰しもが、すべてのサーブに対して完璧な返球をできるというわけではない。だからこそ、この、どちらの回転だった場合でもなんとか返球できる角度を、ぜひ覚えておいてもらいたい。

■レシーブ③

さて、ここまでレシーブの上達方法に関して書いてので、一度おさらいしておこう。

①多くの練習場に出向き、たくさんの優れたサーブに慣れる（※強豪校では、練習試合などで多くの遠征を行なっている。また、大会等でも他校の練習に参加することで、多様なレシーブに慣れるようにしている）

②長いサーブは引っかけていく

③チキータを鍛える

④ツッツキ&ストップで、ちょうどいい角度をマスターする

そして、5つ目として、どうしようもなくなった時にやってみること、というより、試してみることを記しておきたい。

ただしこれは、上達の方法ではない。

むしろ、こればかりをやっていたら上達しない可能性もある。

だが、試合中、あまりにもサーブが取れなくてどうしようもなくなった場合に1～2回試してみてもいいという方法だ。あまり多用はしないでもらいたいが、どうしようもなくなって一度気持ちをリセットしたい時に使っていただければと思う。

〝無理矢理カットストップ〟。

主にバックハンドのツッツキのフォームで使う。ツッツキなのだが、次ページの写真のようにラケットを立てて、上から下にドスン！とラケットが台にぶつかる寸前まで切り落とすイメージ。

これだと、ベースがツッツキなので下回転は返球でき、壁の角度にラケットを立てているので横回転もなんとか返球できる。

ただし、やや浮く。

はっきり言うと、浮くけれど返球できるという感じにもなりかねない。そうなれば、相手にとっては、ただのチャンスボールでしかない。

強い相手であれば、このレシーブでは打ち込まれて終わりだ。

だが、まるで1本も返球できないような試合だった場合、打開策、そして気持ちのリセットとして1セットで1～2回程度なら、試してみるのもいいだろう。

■チキータ

現代の卓球では、初心者レベルを脱出すると、今度はチキータで先手を取って自分で展開を作ることが求められる。

“無理矢理カットストップ”。多用はNGだが、相手サーブに手立てがないときには試す価値ありの技

どれだけ先に攻め込めるか。その点において、チキータは非常に優れた武器だ。それもそのはず、なんと言っても〝2球目攻撃〟なのだから。

卓球はかつて〝3球目攻撃〟が、王道とされる攻め方だった。

もちろん3球目攻撃の大切さは今も変わらない。自分のサーブで相手のレシーブを限定し、3球目を攻めるという考え方は、今でも必要なことだ。

しかし、本来は守りに回っていたレシーブの際に、2球目攻撃で勝負を決定づける。あるいは2球目で攻撃を取って相手の3球目攻撃を封じ、4球目攻撃で決めることができる、それがチキータだ。

ここでチキータという技術の起源に触れておこう。

この技術は、チェコのピーター・コルベルという選手が発明したと言われている、バックフリックに強い回転をかける技術だ。

いつ頃から使われているのか、はっきりとした時期は不明ながら、2008年北京五輪あたりから世界最強の卓球王国である中国の代表選手たちも使うようになり、現代卓球での必須技術として認識されるようになった。

このチキータという呼び名の由来は、バナナ（チキータバナナ。チキータという果物販売会社が販売するバナナ）とされているが、まさに鋭い回転でバナナのように曲がって相手のコートに突き刺さる、最強のレシーブ方法と言える。

日本でも、もともとは丹羽孝希選手がこの技術の代名詞となり、最近では張本智和選手も多用しているように、世界レベルになるとチキータ一発で勝負が決まってしまうことも多い。

ちなみに〝フリック〟というのは、台上ではらうようにして打つ技術。ペンホルダー全盛期だった当時は、台上技術の華と言えばフリック。フリックこそが必須技術だった。

フリックは下回転ならば、ラケットをボールの下に入れてからやや上に小さくはらう。横回転サーブならば、ラケットをほぼ真っすぐに当てて、小さくはらう。

一方のチキータは、フリックの態勢からシェークハンドの利点、手首を一気に回転させることができるという点を生かして、回転をかけるフリックだ。台上で打つバックドライブというイメージのほうが正しいかもしれない。

チキータの打ち方は、ラケットの先端を下に下げ、ある程度ボールの下にラケットを入れる。そこから手首を鋭く回転させてレシーブ。そして肘を前に突き出し、そこから一気に強く引く。手首だけではなく、この肘を引く力が非常に重要なので、身体に染み込ませておくといい。これが、チキータ最大のコツと言ってもいいくらいだ。

練習する際の順序はこちら。

①強く回転をかける。
②回転がかかるようになったら、なるべく「低く」、「深く」を意識する

肘を前に突き出してから一気に引く。手首の回転もさることながら、突き出して……一気に引く！というのがチキータのコツ。

回転量が命の技術なので、まずはしっかりと回転をかけること。

そのうえで鋭さを磨き、スピードを出していきながらより深く相手のコートに突き刺さるように打つのが大切だ。

チキータは台上での細やかな技術なので、スピードに関しては最後に可能なところまで出せる程度で良い。勢いをつけるためにスピードもつけていくというイメージを持っておくのが良いだろう。

下回転か、横回転かもしっかり読み切らなければいけない。当然の原理だが、ボールの下にラケットを入れるといっても、横回転を下から思い切り持ち上げるとボールがとんでもない方向に飛んでいくだけのミスになる。

したがって、横回転はボールの横を、下回転はボールが落ちてしまわないように下にラケットを潜り込ませるように、練習を重ねてほしい。

打つ瞬間ギリギリまでボールをよく見て、どの角度でラケットを出して回転をかけるのがベストかを探ってほしい。

基本は、どんな回転にも負けないほど回転量のあるチキータを身につけること。これがベストだ。

■バックドライブ

チキータの態勢でレシーブを待っていても、台の上でツーバウンドしない長めのサーブや単純なロングサーブが来てしまい、チキータできない場合もある。そうなるとすでにバックハンドでの態勢に入っているために、バックドライブで打つことが求められる。

そのためにもバックドライブを鍛えておく必要がある。

また、中級者がもうひとつ上のレベルへ上がるためにも、バックドライブは重要だ。壁にぶつかって、戦型、戦い方を見直しているところならば、バックドライブを鍛え直してみてはどうだろうか。

バックが苦手なら、あえてバックドライブ主体にする必要はない。

だが、両ハンドで打てることは必ずプラスになるのが現代卓球。バックドライブを上手に使いこなすことは、それだけで勝利に繋がる。現状を打破するためにも、最適の技術なのだ。

まずは、クロスへ打ち抜く、王道のバックドライブ。

腰まででバックスイングをしっかり取り、身体を開くようにして打ち抜く。

基本通りに反復練習をしてほしい。

ほかにも、バック↓相手のフォアへ。

このコース取りのバックドライブをラリー中に取り入れる。これで相手をフォアへ動かすクセをつけると、今までにない有利な展開で試合を進めることができる。

ほかの技術は人並みのレベルながら、バックドライブを磨きに磨いて、上手く自分の展開に持ち込むことで取りこぼしが少なくなった選手もいる。

中級者にとってレベルアップのきっかけとなり得るバックドライブ。展開面のアドバンテージも大きい。バックスイングをしっかりと取ることを意識して、身体に覚えさせる。

バックドライブの練習方法は、長い斜め下回転サーブと長い横回転サーブを交互に出してもらう。

それを相手のフォア側、角あたりの深いところへめがけてバックドライブでレシーブするというものがいいだろう。

また、下回転からツッツキを出してもらい、それをバックドライブするという練習も有効だ。

コツは、ボールの外側をこすること。つまり、やや、シュートをかけるくらいで良い。

第3章

より高みを目指すセンス、技術を磨く

どんなスポーツにも限界はある。そして誰にでも壁はある。

だが、自分の卓球の才能に限界を感じた時、そこで諦めてしまうのか、それともなんとか打開策を見出してさらなる上昇を目指すのか、迷うことも出てくるだろう。

本章ではいくつかの練習方法をお伝えしていくが、壁にぶつかっている選手や勝てずに悩んでいる選手、そして、才能の限界を感じて卓球をやめようと思っている選手に、ひと言だけお伝えしておきたい。

それは、卓球というのはほかのスポーツとは少し違うということ。

卓球の大きな特徴は、何歳からでも向上できるということだ。言い訳をしない姿勢。新しい技術に貪欲であること。そしてアドバイスを素直に取り入れようという気持ちさえあれば、大人になって毎日仕事をしながらでも向上できるのが卓球という競技なのだ。

サッカーやバスケットボールなどと違い、卓球はプレーの最中に長時間走ることはない。たとえばサッカーのような走りっぱなしのスポーツよりは、歳を重ねてからも強さを維持することができ、たとえブランクがあってももう一度現役に復帰することも可能だ。

卓球にはマスターズという年代別の大きな大会もある。ラージボールの大会や、高齢者・シニアの部も盛んだ。さらには、障がい者の部、サイレント卓球という視力に障がいがある方が鈴をつけたボールを使い、ネットの下を通す卓球もある。

卓球はどんな境遇の人間でも楽しめ、性別も問わず、そしてなにより心の持ち方ひとつで何歳からでも向上できる競技だということを強くお伝えしておきたい。

卓球は何歳からでも向上できるのだ。

■ストップ&ストップで、前後の動きを向上させる

成績の伸び悩みを感じている時、卓球を続けるか迷っている時、そんな時に試し

ていただきたい練習方法がある。

前後の動きの練習だ。

上級者のプレーを見ていて、「前後の動きがもう少し速ければ」と残念に思うことがしばしばある。上級者のなかにも前後の動きが遅い、甘いと感じる選手がいるのだ。前後の動きが遅いと身体と台との間隔が上手く取れず、ボールを打つ際に詰まってしまうことになる。

これを解消するのが次のシステム練習だ。

選手A：下回転の小さいサーブを出す

↓

選手B：ストップ（バックハンド）

↓

選手A：ストップ（バックハンド）

選手B：ツッツキ（バックハンド）
↓
選手A：回り込んでドライブ（フォアハンド）
↓
選手B：ブロック（バックハンド）で、選手Aをフォア側に動かす
↓
選手A：飛び込みドライブ
↓
そのまま、ドライブの引き合い
↓

これがなかなか実戦的な練習となる。
私もこの流れを組み込んだシステム練習をよく行っている。これなら前後の動きがより速くなる効果が得られるうえに、前後の動きからドライブへ転じる必要があるために戻りの速さも強化できる。

このシステム練習で意識してほしいのは、ドライブの引き合いが目的ではないということ。

ドライブの引き合いまでしっかりと持っていくことを意識しながらも、ストップに磨きをかける。特にストップが高くならないようにする。この意識が大切だ。

これを守ると、下半身がついていかずに手だけを伸ばすという中途半端なストップはなくなる。さらに前後の動きにおける足の可動域が大きく、鋭く、そして速くなる。前後の動きに合わせて、ストップからの回り込みの速度も速くなる。右利きの場合はやや右足を引いて回り込むと思うが、ストップの攻防を挟むことによって、その速度も格段に速くなる。

ぜひとも実践していただきたい。

■飛び込みからの引き合いで、足の可動域を大きくする

フットワークの向上、特に足の可動域を大きくスムーズにするためには、以下のようなシステム練習方法が効果的だ。

選手A：下回転の小さいサーブを出す
↓
選手B：ツッツキ（バックハンド）→フォアへ動かす
↓
選手A：飛び込みドライブ→フォアへ、クロスに
↓
選手B：フォアブロック→フォアへ返球

選手A：フォアドライブ→フォアへ打つ
↓
選手B：そのままドライブの引き合いに持ち込む
↓

この練習の利点は、飛び込みドライブからの戻り、足と身体を戻すことを意識できるようになるということ。意識が強くなるだけでなく、しっかり戻ってもう一発ドライブを打つ体勢を作ることが、きちんと当たり前のこととして消化されていく。この、〝しっかり戻る〟ことが当たり前になる状況を目指そう。

これができないようであれば、卓球における見せ場、章の1つでもあるドライブの引き合いがスムーズに行えないと思ったほうが良い。

上達のポイントは、右利きの場合、左足で踏み込んでスイングして打つこと。そしてその流れで自然に右足を沿えるようにすること。

スイング直後に右足で軽く床をキックするようにして、戻る動作を行う。〝軽いキック〟で、足と身体を戻すことがポイントだ。

飛び込みで踏み込み、軽いキックで戻るという動きを、大きな動作としても、小さな動作としてもスムーズにできるようになれば飛躍の起爆剤となる。

■「回数の意識」を高め、練習の質を上げる

新しい練習法を試すばかりが、現状打破の方法ではない。

今までの練習方法や、ルーティンとなっている練習方法を見直し、意識を変えてやってみることで、大きく成長できるケースもある。

選手A：バッククロスの立ち位置でフォアドライブ

選手Ｂ：バックミートでブロック→相手のバックへ、クロスで

←選手Ａ：切り返しでバックミート

←選手Ｂ：バックミートでブロック→相手のバックへ、クロスで

←選手Ａ：また切り返し、バッククロスの立ち位置でフォアドライブ

←

要するにバックのクロスに立ちっぱなしで、ドライブとバックミートの切り返しを行う。

この最も基礎的な練習を、１００回続ける意識で行う。

ありきたりな練習方法に思えるかもしれないが、１００回続けるのは実は上級者でもなかなか難しい。だが、100回を目標に集中して行うだけで、練習の質はまるで違うものになる。

仮に50回で途切れたとしよう。

それでも50回の実践的な切り返しが行えたことになる。ここまでできれば、動きにかなりのキレが出てきているはずだ。

そしてこの練習には、もう1つの効果がある。

絶対に途切れさせずにラリーを続けようとする意識を持つことで、ボールの速度を自在に操り、コントロールする力が自然に身についてくるのだ。ボールの速度をコントロールする力は、きっと実戦でもラリー戦を優位に進める原動力源となってくれるだろう。

■近代女子卓球について

本章の最後に、女子の卓球についての基本的な考え方を記しておきたい。

現代の女子卓球は、一にも二にも〝ピッチの速さ〟が重要になってきている。日本代表選手の伊藤美誠選手、平野美宇選手などを見てもわかるように、世界のトップレベルになるとフォアとバックの切り返しが尋常の速さではない。

これは一般の女子の部やアマチュア卓球でも言えることで、ピッチの速さを出すために、多球練習ではとにかく切り返しをしっかりやり込んでおくことが重要だ。

女子卓球と男子卓球の最も大きな違いは、立ち位置。

男子の場合、前陣だけでなく、少し後ろに下がった立ち位置で安定感のある卓球を展開する選手も多く存在する。日本卓球界のトップクラスにいる水谷隼選手はまさに〝前でよし、後ろからでもよし〟の体現者。前にいても後ろにいても、ミスのないプレーで相手を圧倒することができる強さを身につけている。

しかし女子選手の場合は、カットマンでない限り、たとえプロ選手であっても基本的には前で、つまり台に近い位置でプレーをすることが多い。台に近いということは、ピッチの速さは上がり、素早い切り返しが求められるということになる。

ただし、素早い切り返しを身につけるにあたって、注意してほしいことがある。切り返しの猛特訓をすると、腰を怪我してしまうことがあるのだ。腰痛を経験したことがある方ならわかると思うが、腰は一度強く痛めると長引いてしまううえに、痛めることがクセになってしまう厄介なところ。入念な準備運動をしてから練習に入ることを心がけていただきたい。

そして、切り返しの練習は毎日コツコツとやるべきで、短期集中的な練習量はやらないこと。ここに注意してほしい。

もう1つ、現代女子卓球の特徴として、台上技術の進化がある。

第2章で解説したチキータとあわせて、通称「ミユータ」と呼ばれる、逆チキータを取り入れる選手も多い。

逆チキータとは、ツブ高マンの選手が、ツッツキのフォームからシュート気味の流しプッシュのような打ち方をシェークハンドで、バックが裏ソフトラバーの選手がシェークハンドで打つ方法だ。

主に下回転サーブや、斜め下回転サーブのレシーブ時にボールの下にラケットを入れてツッツキに横回転を加え、ボールの外側をエグるように横回転気味のツッツキに変換する技術。

90年代には、台上でこういう打ち方をする選手はあまりいなかった。登場した当初は非常にトリッキーに見えたこの技術も、現代の卓球では当たり前に使われるようになった。

チキータそのものに威力がある男子とは違い、女子の場合は、まったく同じフォームからチキータが来るのか、それとも逆チキータで来るのかがわからない、相手を翻弄するような台上プレーが主流のひとつとなっている。

世界の主流でもあるが、特に日本の女子選手がよく多用していることから、手先が器用な日本人向けの技術と言えるのかもしれない。

チキータと逆チキータで、台上プレーから翻弄することによってチャンスボールを作り、ピッチの速い切り返しで、両ハンドで攻め抜く。

これが、近代女子卓球の重要なポイントとなる。

第4章

試合における仕掛けと戦術

■下回転サーブからの仕掛けと戦術

自分から仕掛けていく場合、特にサーブで仕掛けていく場合などは、相手にどんなレシーブをさせるかが重要となる。

ここでは下回転サーブを例に見ていこう。

下回転サーブは王道中の王道ではあるが、諸刃の剣でもある。なぜなら、小さく相手の台上でツーバウンドしなければ、そのままドライブ一発で決められてしまうからだ。

下回転サーブで大事なことは仕掛け方をミスしないこと。低さも重要だが、長さが最も重要で、ツーバウンドする、ツーバウンドするかしないか絶妙な長さを、常に意識する。

これが同じ下回転系でも、斜め下回転サーブだと、高速で長めに打って鋭く食い込ませる、もしくは曲がるサーブにするといったバリエーションで翻弄できる。

だが、純粋な下回転の場合は相手に食い込ませることもできなければ、曲げるということもあまりない。したがって長さを短くすることが絶対的な生命線となる。ただの短い下回転だとチキータで先手を取られる可能性はあるが、基本的には下回転は相手にツッツキをさせることを想定したい。

ストップされるかもしれないが、簡単にストップさせないように回転量を上げて切れ味抜群の下回転サーブに仕上げておくことが重要だ。

このサーブが打てれば、相手が初心者ならまずツッツキがくる。そこを三球目攻撃で狙い打つ。

相手が中級〜上級者で、チキータしてきそうな場合は、あえて試しにチキータをさせてみるのも手だ。実際にさせてみて、それが強烈なチキータならば、下回転サーブから入るのはやめる。

ただ反対にチキータをさせてみて、ゆるい、鋭くはない、ただ入れにきているというボールであれば、それを狙い打つという3球目攻撃を想定する。そのパターンが上手くいけば、最後の競り合いになった時にもう一度同じ形で仕掛けられる。

ちなみに私の場合、チキータで返球されたボールは、ほとんどすべて狙って打っていく。そういうアグレッシブなスタイルを取り入れていくのも良いだろう。

シェークハンドの
下回転サーブの打ち方

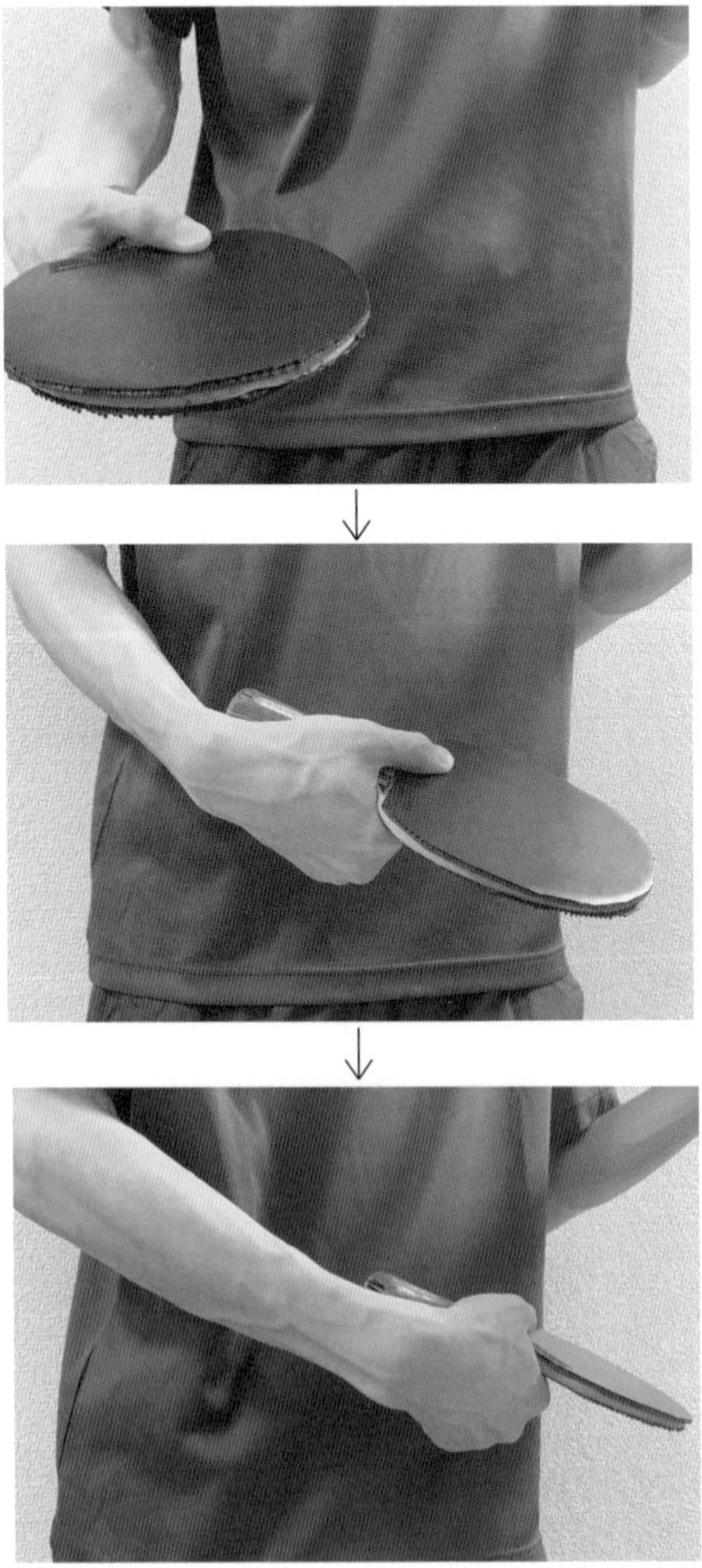

ペンホルダーの
下回転サーブの打ち方

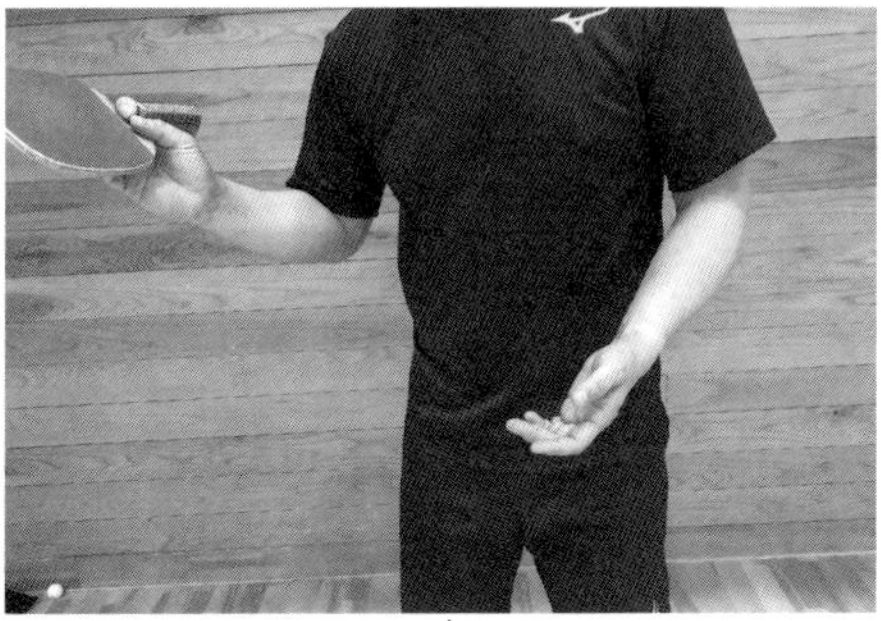

↓

↓

■縦横回転サーブからの仕掛けと戦術

縦横回転系のサーブを打つ場合は、下回転系の展開と違い、ドライブよりスマッシュ、もしくはドライブスマッシュくらいのボールで攻めるのを想定することになる。

スマッシュ系の場合、ドライブよりも自分と台の間に空間が必要なく、立ち位置はドライブを打つときよりもやや台に近い位置を取るようにする。

打つ瞬間に台と自分の間の空間が狭くなりすぎて詰まってしまうのは避けたいが、もし詰まってしまった場合でも、下回転系のツッツキをドライブするより、横回転系をバックショートで返球されたものをスマッシュするほうが対処しやすい。要は前陣への飛び込みがやりやすい。そうやって、一気に決めにいく姿勢が必要となる。

具体的には、強烈な横回転サーブを相手の懐に食い込ませる。

この時、意図的であればサーブは長くても良いが、ロングサーブというより、相手に食い込ませてレシーブミスを誘う、もしくはレシーブを浮かせる意識を持つこと。

縦横回転系のサーブを出す際に大切なのは、意識を変えて仕掛けていくこと。横回転系からの展開は、下回転系からの展開よりスピードが速くなる。簡単に言うと、一気に決着がつく展開となる。こちらから仕掛けていくぶん、一気に決着をつけるという意識を持つことが非常に重要となるのだ。

初心者はもちろんのこと、あえて上級者にその点も見直してみてほしいのだ。卓球歴が長くなるにつれ、下回転も横回転も、何度も出してきた経験があるために、一気に仕掛けて勝負を決めるという気持ちが薄れてくる。だが、自分から相手に食い込ませるような横回転を出しておきながら、速いレシーブに泡を食ったり、意表を突かれるようなことがあってはもったいない。

たまにそういうシーンを目にするが、きちんと一気に勝負を決めるという意識を持っているのだろうか、何も考えずに打っているのではないだろうかと、思わず首をかしげてしまう。

横回転は下回転系のサーブよりも3球目で決定打を打てる可能性が高いわけで、その好機を逃さないようにしたいものだ。このことは、次項のロングサーブからどうしかけていくのかという戦術面でも、非常に重要となる。

シェークハンドの横回転サーブの打ち方

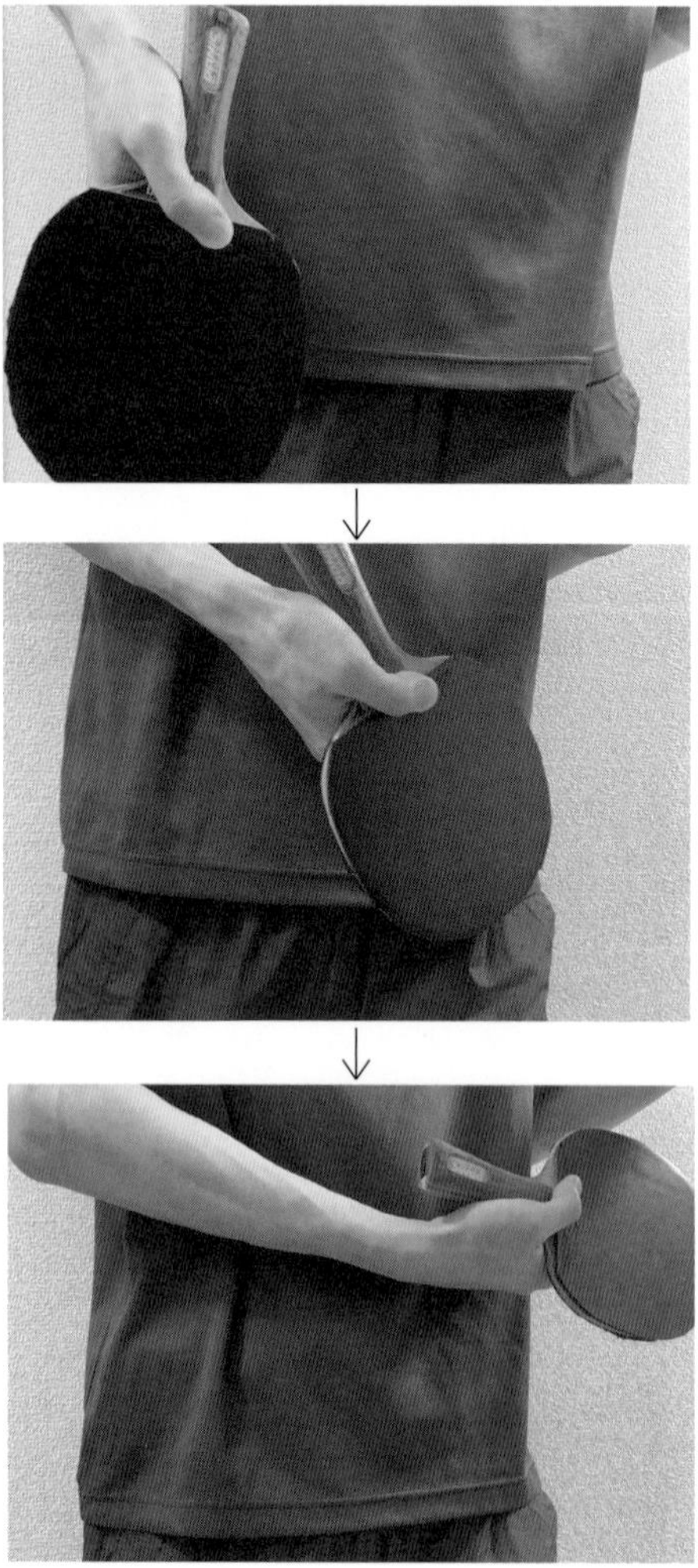

ペンホルダーの
横回転サーブの打ち方

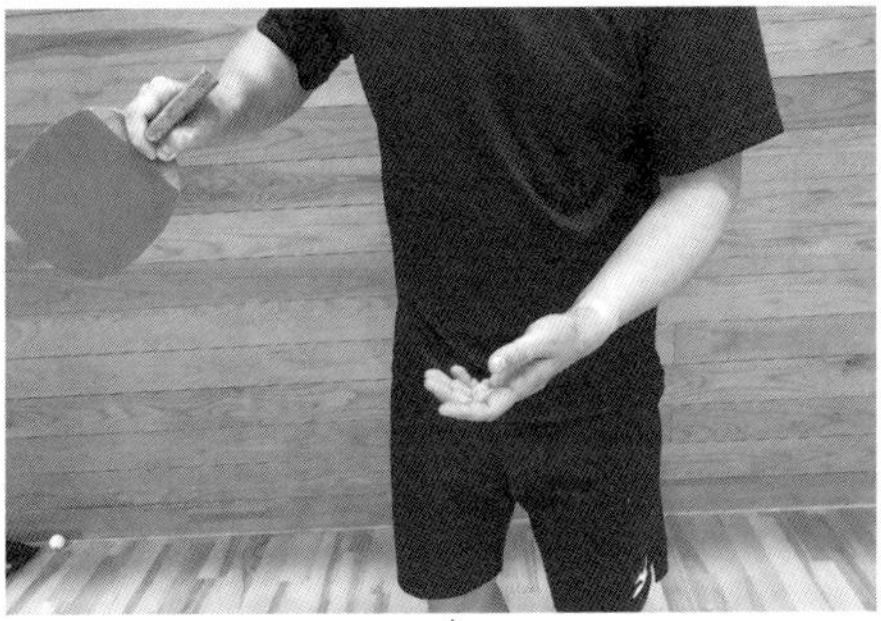

↓

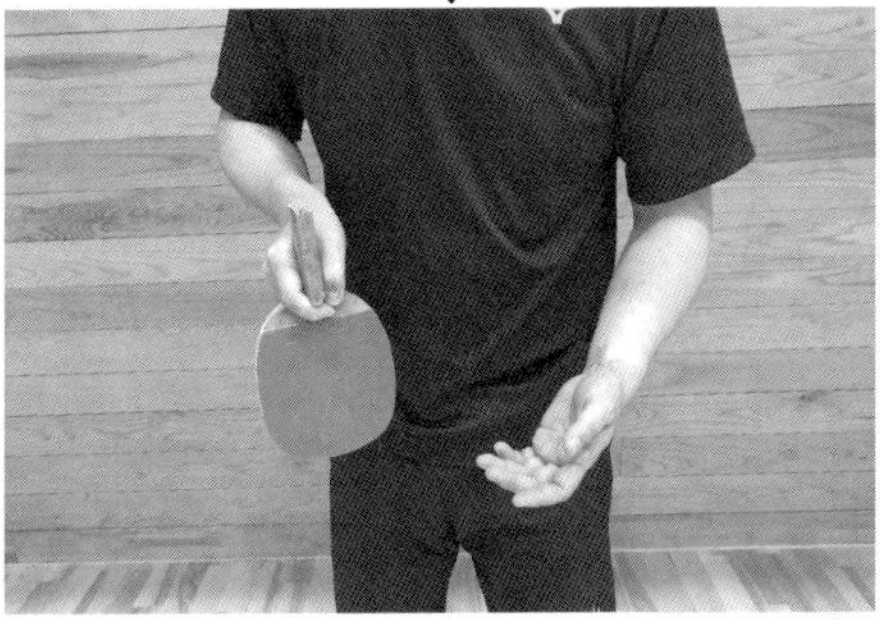

↓

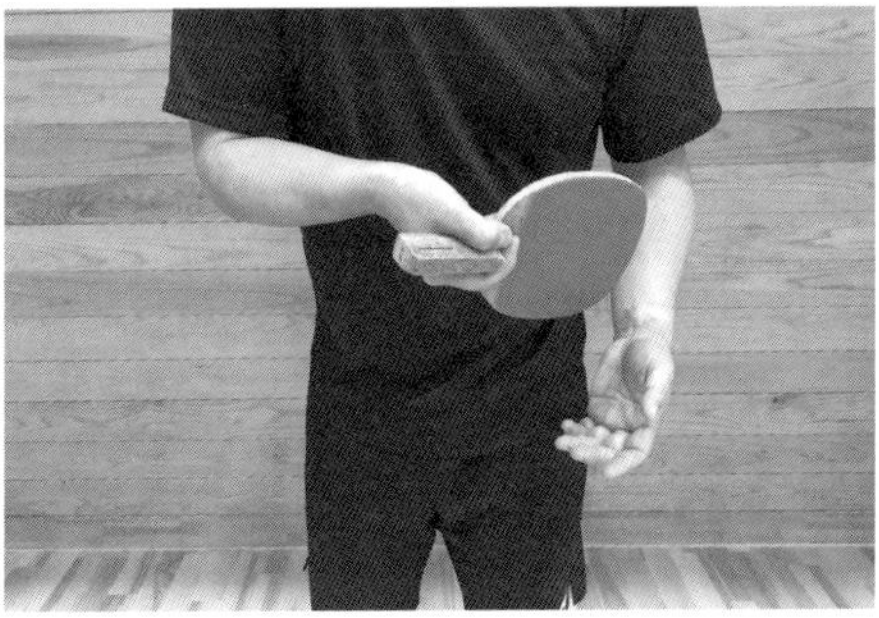

■ロングサーブからの仕掛けと戦術

ロングサーブからどう仕掛けるかだが、まずは高速のロングサーブを想定しよう。高速ロングサーブの場合は、サーブ自体が攻撃となる。したがって、まずは1球目攻撃を仕掛けるという意識で臨みたい。

特に右利きの選手がバック側の一般的フォアサーブの立ち位置から、相手のフォアへ高速ロングサーブを仕掛けるのは、非常に有効な一手となる。

ただ非常に有効とはいえ、高速ロングサーブの習得に失敗してしまった選手が多いのも現実。

そこでまずは、高速ロングサーブの出し方のコツからお伝えしよう。

このサーブは相手をフォアに動かすという意識ではなく、相手の意表を突くという意識で打つのが良い。大げさに言うなら、サーブで抜くというくらいの意識だ。

技術的には、スピードが命のサーブとなる。長いサーブなので、ネット際ではなく台の手前に落とす。台の端にバウンドさせて、ボールに勢いをつけることが大切だ。勢いをつけて、転がすという意識で打てば良いだろう。

この時、かすかにドライブがかかっても良いが、ドライブをかけるように打つよりはラケットの先端を立てて打ったほうが良い（サーブなので、下に向けるということ）。ラケットを立てたほうが安定するので、手首のスナップも効くようになる。ラケットの先端を下にし、まるで、うちわを仰ぐような感覚で出す感覚でも良い。

私の場合は、ラケットを台と並行に出した位置から、手前側、つまり自分の身体のほうに回し引くようなサーブに仕上げている。

この回し引くようなロングサーブは、相手の手元でギュンと伸びるので、相手に食い込ませて態勢を崩す効果がある。

打球音のリズムも大事。

タンッタンッと軽快な音が出ていれば、感触を掴めていると考えて良いだろう。

戦術的には横回転系サーブと同様に高速サーブで相手を動かすため、サーブから仕掛けて一気に決着をつける展開となる。仕掛ける側はこの意識を強く持っておくこと。自分で仕掛けておきながら、レシーブからのスピード決着に追いつけなくなるような事態は絶対に避けたい。

そのためには、ここでも展開を強く意識することが重要となる。

横回転系からの展開より、さらに速い展開だ。

上手く相手の意表を突いたら、3球目はシンプルにスマッシュ、もしくはミート打ちを狙う。1球目か3球目でかたをつけるのがコツだ。

カウンターされることも想定して、守りも固めておくこと（3球目でブロックになるかもしれないという意識も持っておくこと）。

また、高速ロングサーブからの展開を、2オールくらいの前半で相手に見せておくのも有効な戦術となる。

前半に1球でも見せておくことで「こういう展開で来る選手か」、「これをやってくるのか」と、相手に警戒心を持たせることができるからだ。

もし、試合の前半で相手にこれを強く意識させることができれば、相手はチキータやバックドライブでレシーブしようという形を取りにくくなる。

相手に「いつまたフォアに速いサーブがくるのかわからない」という警戒心を抱かせられれば、レシーブの幅を狭めさせることができるのだ。

後半で、もう一回このサーブを使うかどうかは、試合の組み立て方次第。もし得意としているのなら、もう一本使っていくべきだろう。

台の端っこから、台の端っこへ、ラケットを立てて、うなるような勢いのサーブを出し、1球目から勝負を仕掛けるサーブ。

これを習得するために必要なのは、何を差し置いても圧倒的な練習量だ。

サーブミスの確率も高い、諸刃の剣とも言えるこのサーブを、8オールや9オールで出せるかどうか。

これは高速サーブに限った話ではないが、こういった勝負をかけるサーブをいざという場面で上手く出せるかどうかは普段の練習量で決まる。出せて当たり前という領域になるまで、何百本、何千本と練習を積んでいただきたい。

■アップロングサーブからの仕掛けと戦術

アップロングサーブも基本は〝速攻〟だ。

ただ、アップロングサーブの場合は、相手を上にのけぞらせるという効果もある。相手の上体を起こし、意表をついて、レシーブを浮き気味にさせるのが大きな狙いのひとつ。もちろんサービスエースも狙っていきたい。

速さと鋭さがこのサーブの肝だ。

ＹＧ（ヤングジェネレーション）サーブでの、強烈なアップロングサーブ使いをよく見かけるが、これが強力な武器になっていると感じる。

高いレベルになると、レシーブしようとした相手のラケットを弾き飛ばしてしまうくらいの威力がある。実際に、そういう光景を目にすることもある。それほどの威力のある、サービスエースを狙えるサーブだ。

出し方は、普通に出すのならば、切る瞬間にボールを持ち上げるという意識を持つこと。横回転サーブを出す形から、切る瞬間にグイッと持ち上げる。

この持ち上げによって、相手の手元でボールがグンと食い込むように伸びるようになる。

そして、縦横回転系にしても、斜め下回転系にしても、手首を振り子のように使う。

これが最大のポイントだ。

この振り子のように使うということを常に意識していただきたい。上達するうえで非常に大切な点だ。

基本的にはロングサーブなので、台の端から端へ出すことを意識する。

台上で意識的にツーバウンドさせられるほどコントロールできるようになれば、なお良い。手元で伸びるサーブで、長いサーブと短いサーブを使い分けられれば、かなりの武器になる。

ＹＧサーブの場合は、手首のスナップが特に重要となる。

ラケットの先端を下に向けて立て、そのまま自分の手首から下を振り子のように振る。

振り子の原理で、勢いをつけて伸びる横回転サーブに仕立てるというイメージだ。

戦術的には、何度も〝伸びる〟という言葉を使っていることからも理解していただけているかと思うが、相手に食い込ませることが大切。

そのうえで、当然、速攻を仕掛ける心づもりで3球目攻撃を狙うべきだ。

ロングサーブからの仕掛けと同様、くれぐれも自分から仕掛けておきながら、速い展開に追いつけずに3球目攻撃を逃したりしないようにすること。

また、このサーブの場合、自分でかけておいた回転が残ってしまっている状態のボールで返ってくることも多い。レシーブされたボールが、自分がかけておいた回転によってこちらの手元で伸びてしまい、自分が詰まってしまうシーンもよく見かける。

サーブを出したあとは、返ってくるボールに回転が残っていることを想定して、間合いをしっかり取っておくと良いだろう。

■巻き込みサーブからの仕掛けと戦術

ＹＧサーブの登場で影が薄くなった印象もあるが、巻き込みサーブは今でも女子選手を中心に盛んに使われている。

このサーブ強い回転をかけられるうえにバリエーションも豊富。さらに身体で抱え込むように出せることもあって、非常に安定感があるのが魅力だ。

ＹＧサーブ全盛期の今こそ、ＹＧと巻き込みサーブ、両方をマスターしておくと大きな武器となる。

巻き込みサーブの利点は、下回転系と横回転系のサーブをしっかり自分の意志通りにコントロールしやすいこと。

中級者〜上級者になりたての選手によく見られるが、サーブは切れているものの、自分でどっちに切ったのかわかっていない状態の選手が非常に多い。わかりやすく言うと、斜め下回転を出したつもりが横回転になってしまっているなど。もちろんその逆もある。

適当にサーブを打つからそうなってしまう。

自分の明確な意思を持って、「この回転をかけ、相手にこれをさせ、自分はこれをやるぞ」という〝型〟を作らなければいけない。漫然と打っては次のプレーにつながらず、簡単に相手のペースに巻き込まれるしまうことになる。それでは試合になど勝てるわけがない。

そのためにも、サーブは常に自分の意志通りの回転をかけられるようにしておきたい。それに最も適しているのが、下回転系と横回転系をコントロールしやすい巻き込みサーブということだ。

出し方のコツを解説しよう。

縦にして巻き込むチョップ式のようなイメージだ。

ラケットを台に対して直角に立て、〝叩き切る〟という意識を持ってラバーの先端部分でチョップするように、巻き込んでサーブを打つ。

一見すると、縦横回転系が出やすいように思うが、ラケットの角度を変えることで、斜め下回転系でも縦横回転系でも、コントロールして打てるようになる。

さらに叩き切るチョップに身体の回転も加わることで、強烈に回転するサーブに仕上げることができる。何度も練習してみてほしい。

私の場合、やや縦に切る巻き込みサーブというのもよく使っている。

よく切れるうえに、サーブ直後のフォロースルーで相手の意表を突きやすい切り方になるので、ぜひ一度、試してみてほしい。

■バックサーブを極める

フォアサーブをメインに使う選手が多い現代だからこそ、バックサーブは有効だ。フォアサーブの切り方が多彩であればあるほど、試合の後半まで密かにとっておいたバックサーブが効いてくる。

まず、相手に「何かやってくる」という警戒心を持たせることができる。気持ちや展開の切り替えにもなる。タオルタイム、タイムアウトを使うようなイメージで使っても良いだろう。

なかでもオススメしたいのが、自分はややフォア側に立ち、そこから相手のフォア前へツーバウンドするくらいのボールを出すサーブ。これが想像以上に効くのだ。

特に、まだ身長が低い中学生同士くらいの試合ともなれば、リーチが短いぶん、手だけ伸ばしたようなレシーブになってしまいがちで、フォア前の切れたサーブの処理が物理的に難しいケースが多い。

このサーブが切れていれば切れているほど、よく効くことになる。

横回転と斜め下回転の2種類とも切れるようにしておくこと。

斜め下回転からの展開は3球目攻撃のドライブや、バックドライブに持っていくような意識で臨むこと。

一方の横回転で問題となるのが、相手が回転を読み間違えて、あるいは意図的にツッツキで返球してきた場合だ。

ツッツキなので下回転系のボールではあるのだが、この時、自分でかけた横回転が残っていて3球目攻撃をミスする選手が多く目につく。

これは、このパターンだけに限った話ではなく、自分の回転が強すぎるために、瞬時に判断しきれない正体不明の回転が残っていることがよくある。これには本当に気をつけてほしい。

せっかく、自分でかけた回転で相手のレシーブを浮かせられたのに、それを叩きにいってミスをしているようではあまりにももったいない。

後の項で、9-9からナックルを出して正体不明の回転を解消する方法についても触れていくが、卓球は試合のなかで思い切りサーブを切ることのほうが多い。正体不明の回転が残るのはよくあることだ。

たとえばフォア前横回転バックサーブからの場合、相手のレシーブがツッツキでも、左右どちらかに飛んでいってしまうような回転（自分でかけた横回転）が残っているると意識して、3球目を叩きにいきたい。

コツとしては、対ツッツキだからといってドライブで持ち上げすぎず、ドライブスマッシュくらいの感覚で叩きにいくこと。

もう1つ。自分でサーブの時にかけた横の回転によって想像以上に左右に飛んでいってしまう可能性があるので、無理にコースを狙いすぎないこと。

浮いてきたツッツキを、台の真ん中くらいを狙ってドライブスマッシュするといった形がいいだろう。

ただし、これは相手がレシーブで浮かせてしまった場合の話。

横回転だけだと、相手に読まれてフリックされるケースもある。あるいは、かなり低く返されて、ブロックを挟んでから通常のドライブでのラリーに入るケースもある。

相手にコースを読ませないためにも、相手のバックの深いところに同じ二種類の回転で出せるように練習しておくべきだ。

卓球は、確実に点数を取れるパターンを多く持っているほうが勝つ。また、それを最後の最後まで、相手に読み切らせない者が勝つ。

このサーブを、試合の後半で、特に接戦になった際などの大事な場面で使うには、思い切り回転をかけて切っても絶対にミスをしないという自信がなければならない。

ちょっと甘くなると、相手にとってはフォア前にきたフリックしやすいただのチャンスボールになりかねないからだ。特に、台上でツーバウンドさせられずに長くなってしまったボールは、一発で打ち抜かれてしまう可能性がある。

切れて、低くて、ツーバウンドするサーブをここ一番で出すためには、やはり日ごろの練習の質と量が大切だ。

漫然と100本のサーブ練習をするのではなく、絶対に低く、絶対にツーバウンドさせるという意識を強くもって練習することを心がけたい。普段の意識の差が、本番で失敗するかしないかを決めることになるのだ。

サーブも普段の練習での意識の差が、卓球センス向上の決め手になるということだ。

■切れ味鋭いサーブを打つために

本章では、サーブからの展開の作り方について解説してきた。そのなかでサーブの切り方についてもいろいろと書いてきたが、最後にサーブ全般をさらに切れ味鋭いものにする方法をお教えしておこう。

ポイントは次の3点だ。

- **脱力**
- **肘**
- **遠心力**

サーブのポイントは、その種類によって違いはあるとはいえ、基本は手首で切ること。ただ、それゆえに手首で切ることだけに意識を向けてしまう選手が非常に多い。

しかし、実のところ、手首だけで切るのには限界がある。自分のレベルをもう一段階上げるためにサーブを強化する、全国大会でも通用するほどの切れ味鋭いサーブを目指すならば、手首だけではなくプラスアルファの力が必要となる。

改めて自身のサーブを思い返してみていただきたい。固定観念のあまり、サーブを手首だけで切ろうとしていないか。サーブの練習を手首だけで行ってないか。そして、そこに限界を感じていないだろうか。

そこでここでは、今以上に回転量を上げる、切れるサーブの打ち方についてお伝えしていこう。

重要なのは、サーブの前にしっかりと力を抜くということ。力んでいてはサーブは切れない。これを私は〝脱力する〟と言っているが、常日頃から選手にもいったん脱力してから切るようにと教えている。

そして次のポイントは肘。

手首だけで切る方法で回転量の限界を迎えた選手が、壁を突き破ってさらに切れるサーブを手に入れられるのは、肘を使えるようになった時だ。

肘で叩き切るようにして打つのだが、その際には、肘からラケットまでの遠心力を使う。

力を抜き↓手首で切る瞬間を迎えるまでに肘の遠心力も加え↓叩き切る。

この意識でサーブ練習を続けていただければ、きっと試合で相手を圧倒する切れ味鋭いサーブが身につくはずだ。

↓

力を抜き、手首で切る瞬間を迎えるまでに肘の遠心力も加えて叩き切る。力を抜く動作を普段からルーティンに組み込んでおくと良い。

■９－９からのナックル

普段の練習から、常に「９－９」だと思い込んでプレーする。

卓球でのここ一番での勝負強さを身につけるには、結局のところ普段の練習での意識の持ち方なので、常に絶対にミスをできない状況を想定して練習をするべき。

たとえば、プロの水谷隼選手は常に「９－10」だと想定して練習をするのだという。

私の場合は、もう少しだけ余裕を持たせる意味を込めて「９－９だと思え」と、選手たちに教えている。

アマチュアの高校生たちに教える場合、９－10だと余裕がなく、入れにいくだけの卓球になってしまうことも多い。だから自分で何かを仕掛けているギリギリの点数９－９を想定する。９－９の場合だと、何か少しでも策を練らなければという意識を持つことができる。この意識が、非常に中身の濃い練習を生み出すのだ。

さらに10－10だと、もう絶対に外せないというプレッシャーのなかで、さらに強い意識の練習ができるようになる。

ここまでは、普段の練習で常に9－9だと想定する方法。

では、実際に、試合での9－9の場面ではどのようなサーブから、どのような仕掛けをしていくのが良いのだろうか。

正解は、自分が最も得意とするサーブか、最も得意な展開に持ち込めるサーブ。

私の場合で言うならば、あえてナックルサーブを選択するケースが多い。

とにかく絶対に3球目攻撃を外したくないので、妙な回転が残ったレシーブが返ってくるのを避けるためだ。3球目では狙いやすい、素直な回転のボールが返ってきてほしいという狙いで、あえて回転をかけない、小さなナックルサーブを出す。

ただし、そのためには試合中に伏線を張っておかなければならない。

伏線とは、そのセットのなかで、サーブを切って、切って、切りまくっておくことだ。

相手に「この9－9の局面で、どれだけ切れたサーブを出してくるのだろう」と思わせておくこと。思わせておくというより、迷わせておくこと。

そうでなければ、この戦術は成立しない。

無回転のぶん、2球目で仕留められてしまう可能性も大いにある。そうさせないためには、こちらのサーブが切れていて取るのが大変と思わせる状況を作っておかなければいけないのだ。

それまでのサーブの回転量が多く、切れており、相手にサーブが上手いと思わせることができた時には、9－9からあえての小さなナックルを活用するのも有効な手段なのだ。その際には、フォームに変化をつけて、くれぐれも単純なナックルだとバレないようにしておきたい。

■チキータを防ぐ

現代の卓球では、２球目をチキータで入るのが得意な選手が増えてきており、特に初対戦の時など、相手の強烈なチキータに面食らってしまう場面も多い。

第２章のレシーブの項でも述べたが、まずは普段からいろいろな練習場に積極的に出向き、チキータが強い選手に慣れておくことが大切だ。

しかし、それでも取れないチキータの場合は、相手にチキータをさせないという意識を念頭に置いてプレーをする必要がある。

ではチキータをさせないためには、どうすればいいか。

まずは長さだ。

チキータは、台上で手首のスナップと肘の強さで打つ技術なので、相手を台上に入り込ませず、台から遠ざけることが必要になる。

そこで、台から出る長いサーブを中心に組み立てることになる。とはいえ、単純な下回転や斜め下回転のサーブが長くなると、一発で打ち抜かれる甘いサーブになってしまうだけ。

そこで、ロングサーブを使う。

たとえば、斜め下回転に見えるフォームで出す横回転サーブを鋭く食い込ませてみる。

それを相手が嫌がっていたり、チキータしようとする態勢からバックドライブに切り替えるのが遅れて食い込まれていたりしたら、それを多用する。

相手がそういったサーブに慣れてきたと感じたら、今度はアップロングサーブなどを使い、相手の手元でボールを伸ばすことによって食い込ませてみる。

コースも重要だ。

相手がどれほどチキータに自信を持っていて、バックハンドで回り込むことを得意としていても、フォア側に強烈なスピードのロングサーブが打ち込まれるとそれに対処するのはかなり難しい。

その意味でも、前出の高速ロングサーブを習得しておいていただきたいのだ。たとえ高速ロングサーブ一本で得点することはできなくても、その高速ロングサーブがフォアに来るのを見せ球にすることで、相手が思い切ってチキータをしづらくなる効果があるのは、先ほど述べた通りだ。

このように、卓球とはどのように相手に意識させるかが重要な競技でものる。

特に力量差がそれほどない相手ともなれば、勝敗を分けるのは頭脳の差だとも言える。

今は、チキータだけはしっかり鍛えているとか、レシーブで困った時はチキータでなんとかするという選手がたくさんいる。

そういう選手に対して、チキータをさせない頭脳（作戦）、そして技術をもっているだけで、かなり有利に試合を運ぶことができる。

ロングサーブ、横回転、アップロングサーブ、フォア側への高速サーブ、そしてコースをフォア側へ寄せること。こういった技術を組み合わせること、いかに有効な使い方をするかで、チキータは防ぐことができるのだ。

■相手のチキータを狙い打つ

戦術面での最後に、相手のチキータを狙い打つ方法をお教えしておこう。チキータを防ぐことができるようになったら、今度はあえて相手にチキータをさせて、そのチキータを狙い打つというパターンも試してみてほしい。

相手がチキータを多用してくる場合、まずはそのチキータがどれほどの威力なのかを見定めておきたい。

現代の卓球ではチキータを多用する選手が多いので、この見極めのクセをつけておくと良い。

サーブを出す↓チキータをされる。

その、相手のチキータに触れてみて、それが強烈で自分としては受けるのが嫌なのか、それとも狙い打てるレベルなのか。試合の後半に向けて判断を下しておく。チキータで決められてしまうほど強烈ならば、チキータをさせない方向で戦術を組み立てる。

前述したようにロングサーブや曲がるサーブで食い込ませて、チキータではなくバックドライブ、それも、そのバックドライブを甘くさせるようなサーブを出していきたい。

逆に、相手のチキータにそれほどの威力を感じなかった場合は、チキータをさせてやるくらいの意識でいる。つまり、ここでチキータを狙い打つ。

チキータには、それで勝負を決められるからこそ仕掛けてくるチキータと、ほかのレシーブができないからチキータでなんとか入れてくるという、二種類がある。

相手が入れにくるだけのチキータの場合は、ツーバウンドするような小さなサーブをしっかりと回転をかけて出し、相手が入れにきたゆるいチキータを狙い打つ。

このパターンをしっかり練習して、試合に取り入れていただきたい。

コツは、やはり相手のチキータの威力の分析をすること。

目安は、相手のチキータが思ったよりも曲がらないとか、回転量が自分の知っている範囲内といったこと。試合のなかで臨機応変に、かつ的確に判断していただければと思う。

第5章

自分の技術、戦術に合った用具選び

■そのラバーで何をするか

卓球選手であれば、誰もがラバー好きだと思う。

初心者からトップクラスの選手、果てはプロ選手まで、誰もが「このラバーは……」、「あのラバーは……」と口にし、メーカーはラバーの開発に膨大な予算をつぎ込む。

それほどまでに、卓球選手にとって用具、特にラバーというものは魅力的なものだ。

バタフライ、TSP、ニッタク、ヤサカといったお馴染みの日本メーカーから、海外でもヴィクタス、アンドロ、スティガなどが続々と新製品を登場させている。

ツブ高で、「グラスディーテックス」という爆発的なヒット商品を生み出すことに成功しているティバー。ツブ高で高級路線の商品を生産しているジュイックなどの動向も、大きな注目を集めている。

また、近年ではラバービジネスにミズノやアシックスも参戦。

この、開発戦争とも言える状況はさらに加速しており、これからますます高性能なラバーが生まれてくるだろう。

卓球選手にとっては、ラバーとの付き合いは最も楽しくもあり、その一方で最も悩ましくもあり、そして最も重要なものなのだ。

練習から自分に合わないラバーを使っていると、フォームまで崩れることすらある。また卓球選手は、試合前には必ず相手のラバーを確認する。

試合の直前に相手のラバーを見れば、たとえ相手が初対面の選手であっても何をしてくるのかだいたいたい想像がつく。

たとえばシェークハンドのバック面に表ソフトラバーを貼っていれば、バックからは、ややナックル性のピッチの速い連打を想像するはず。

シェークハンドのバック面にツブ高を貼っていれば、カットマンかもしれないと想像でき、試合ではカット打ちをさせられるだろうという心構えもできる。

今では少なくなったが、ペンホルダーにツブ高を一枚貼っただけの選手が相手の時などは、強いか弱いかを別としても、何か覚悟のようなものを感じさせられる。こちらも、嫌が応でもツブ打ちに付き合わされることになるので、ナックル性のロングサーブから入ろうかという意識で試合に入ることができる。

試合前のラケット交換、貼っているラバーの確認の瞬間、それは、すべての卓球選手の想像力をフルに掻き立てる、武者震いするような瞬間なのだ。

本章では、そのラバーをテーマに詳しく解説をしていこう。

その前に、先に断っておきたいことがある。

本章ではいくつかの固有名詞、つまりラバーの商品名が出てくるが、私は「これは良いラバーだ」、「これは良くないラバーだ」といった、ラバーの評論を中心に話を展開するつもりはない。

もちろん、良いと思っているラバーは堂々と良いと言わせていただくが、基本的にすべての選手にとって良いラバーというものは存在しない。

あえて言うなら、個々の選手がプレーのなかで何をしたいかによって、ラバーの良し悪し、いや向き不向きが変わってくるのだ。

世のなかの評価に惑わされるまえに、自分は何をするためにそのラバーを使うのか。それをよく考えていただければと思う。

それでは話を進めさせていただこう。

近年のわりと新しいラバーのなかで、ひとつわかりやすい例を出して解説してみたい。

ミズノ社から発売されている、「Q」というシリーズがある。

特に、選手が使用しているのを多く見かけるのは、「Q3」と「Q4」なのだが、この2枚のラバーは同じシリーズながら、少し触るだけでも弾力の違いがすぐにわかる。

「Q3」は非常に硬く、「Q4」はバランスが良い。

攻撃的な卓球をする多くの選手にとっては、どちらかというと「Q4」のほうが使いやすいだろう。

だが、「Ｑ３」より「Ｑ４」のほうが良いラバーなのかと言うと、決してそんな単純な話ではない。

この2種類のラバーは、どちらも性能は優れていると感じる。どちらも、上級者も使えるとても良いラバーだ。

要するに、何をしたいかによって、良くも悪くもなるということ。

多くの選手が使用している、バタフライ社の「テナジー」シリーズをイメージしながら使うなら「Ｑ４」がいいだろう。前陣～中陣で、バランスよく動き回り、すべてのプレーと噛み合うはずだ。

しかし、前陣の選手が台に近い位置で直線的なドライブを放つことを武器にするとしたらどうだろう。

「Ｑ４」でもそのプレーは可能だが、「Ｑ３」の硬くて弾むラバーは弧を描くよりも直線的な弾道を生みやすい。

このプレースタイルならば、「Q3」を使うことによって直線的な弾道のドライブにフィットするだろう。フォームが崩れるようなこともないはずだ。

このように、〝良いラバー〟という考え方よりも、〝このプレーをするのに適したラバー〟という考え方で選ぶほうが、自分に適したラバーを見つけ出せるのだ。

裏ソフトラバーにおいて柔らかい・硬いという概念が出てきたので、ここでラバーに適した打ち方をお教えしておきたい。

ポイントは〝自分のボールの捉え方〟にある。

食い込ませて、柔らかくボールをとらえる選手には柔らかいスポンジのラバーのほうが合い、威力が出る。

弾くように強くボールをとらえる選手には、硬いスポンジのラバーのほうが合い、威力が出る。

これが基本的な考え方だ。

これがチグハグになってしまって、柔らかくボールを捕らえる選手が硬いラバーを使用すると、威力もスピードも出なくなる。

一見、硬いラバーを使えば誰でも速度が出るように考えるかもしれない。しかし、実際にはそうではないのだ。

先ほどの「Q」シリーズを例にすると、「Q3」ならば、ボールに強く当てる選手にオススメだ。連打で攻め込む、ハードパンチャー向きとなる。

このように、自分に合ったラバーを使うこと。

自分の打ち方と、自分のボールのとらえ方にあったラバーを使うこと。それを意識してラバーを選んでいただきたい。

「どのラバーが良いですか？」と聞くこと、聞かれることも多いだろうが、基本的に現代の卓球ラバーは、膨大な開発費をかけて開発された高性能なものばかり。

どれが良いラバーかではなく、そのラバーをどう良いものにするかなのだ。

２０１９年の世界選手権において、各メーカーの新商品のブースの様子が、テレビ東京系列の『ワールドビジネスサテライト』で放送されていた。

その番組のなかで「Q」シリーズの最新作「Q5」というラバーが取り上げられ、ラバーを開発している様子も紹介されていた。卓球のラバーがどれほどの時間と、労力、そして費用をかけて開発されている「最重要用具」であるかがわかる内容だった。

各社ともあれだけの情熱を持って開発しているだけに、自分に合うラバーは必ずあるはず。ぜひ、最良のパートナーと言えるラバーに出会ってほしいと思う。

それでは、戦型別やラバーの種類別に、さらに詳しく見ていこう。

■テンション系裏ラバー

「スーパーチャック」という商品名を聞いて、懐かしさがこみ上げてくる選手も多くいるのではないか。

90年代に一世を風靡したラバー接着剤のひとつだ。

バタフライ社から発売された、いわゆる弾みをよくする接着剤だ。流行っていた当時、カットマン以外の多くの攻撃タイプの選手がこの接着剤を使っていたが、いろいろな事情もあって使用禁止となった。

それ以降、様々な弾むラバー、ボールが失速しないラバーの開発が進められた。

そんななかで選手や関係者の口から聞かれるようになったのが、テンションをかけるという言葉。

そう、テンション系ラバーの登場だ。

テンションとは、ゴムを引っ張るようにし、張り詰めた状態にすること。そうすることで高い弾力性を持たせることができるのだ。

端的に言うと、スピードが出る。ドライブも伸びるようになる。

もっとも有名なところでは、バタフライ社から発売になった「テナジー」、ニッタクからも「ファスターク」などが発売されている。

なかでも「テナジー」は、トップ選手にとって頭一つ抜きんでた性能を持っている必需品と言える。多くのプロ選手も愛用中で、お馴染みのシリーズだ。

テンション系ラバーを使って、本項のテーマである「何をするかで選ぶ」という話になるわけだが、基本的にトップ選手の多くはこのテンション系のラバーを使っている。

したがって、テンション系のラバーには「何をするか」という視点より、卓球人生のなかでいつ替えるのかが重要となる。

わかりやすい替え時は、初心者から中級者になったあたりか、中級者から上級者になったあたり。目安としては、ひと通りドライブを打てるようになったころ。

そして、さらに次のポイントが重要となる。

ドライブでの打ち合いには持ち込めるようになったが、ほとんど必ずといって良いほど打ち負けてしまうとき。こういった現象が起き始めたタイミングが、初めてのテンションラバーの試し時、替え時となる。

初心者レベルから脱した後にテンション系ラバーに変える理由は、ドライブの威力強化だと解釈しておくといいだろう。

何をするかで選ぶという言葉に当てはめるなら、テンション系ラバーは選手としての大きなステップアップと、一人前の選手になるために通る儀式だと捉えてほしい。

ラバーの強化というのは、誰もが必ず通る道だ。

また、女子選手にオススメのテンション系ラバーについて質問を受けることも多いのだが、これについては選手の実力によって異なる。

一般的に、中級レベルの選手向けのテンション系・裏ソフトラバーならば、ニッタクの「ファクティブ」というラバーが使いやすく、オススメだ。「ファクティブ」は、どこかに抜きんでた性能があるというよりも、とにかくバランスに優れているラバーだ。スピードが出て、しっかり回転もかかる。

テンション系ラバーの入り口として最適だと思うので、中級レベルの選手は「ファァクティブ」からテンション系に入り、その上で、さらに自分の個性に合ったラバーを探していくというのもいいだろう。

「ファクティブ」ならば、弾みすぎでスイングが小さくなったり、逆に弾みが足りなくて球を前のめりになるほど押しすぎたりするような、フォームの乱れも少ないはずだ。

「ファクティブ」から慣らしていき、そこに、さらに弾みやスピード、破壊力という要素を加えたいのならば、のちほどカットマンの項目でも登場する、エクシオンの「ヴェガ・ヨーロッパ」などを試すのもいいだろう。

■粘着系裏ソフトラバー

粘着系の裏ソフトラバーの特徴は、テンション系よりも、スピンという点に特化されているということだ。

ではスピードがまったく出ないのかというと、決してそういうことではない。ひと言で言えば、振り方次第ということになる。

このラバーは、〝振り方によって良いラバーにできる〟という意識を持つと良い。

粘着ラバーが向いている選手は、ラケットをしっかり振り切れるスイングをする選手、もしくはしっかりと擦り切れる選手。手をいなす卓球や、上手くしのぐ卓球をする選手ではなく、思い切り振り抜くような選手に向いていると言える。

思い切り振っていくプレースタイルで、もうワンパンチほしいという悩みがある選手は粘着系のラバーを試してみるといいだろう。

粘着系のラバーを使っても弾まないと感じる選手は、そもそもしっかりと振り切るという卓球をするタイプではないのではないか。その場合、粘着ラバーとはやや相性が悪い可能性がある。

自分の卓球に総合力を求める場合や、食い込ませて打ちたい場合、さらにはスピードをラバーの性能から生むという感覚の選手の場合は、粘着系ではなく、やはりテンション系のラバーをオススメしたい。

逆に、スピードは自分のスイングスピードで出すという意思がある選手、そして、振り抜くことで強烈なスピンを生むスイングをする選手の場合は、粘着系ラバーがオススメだ。

つまり、粘着系の裏ラバーでの仕掛けは、プレー全体を通して自分が振り抜いて圧倒していくような戦術となる。

したがって、手数の多さも重要だ。

手数の多さとは、足を使ってアグレッシブに動き回り、まるで相手がオールフォアで戦うつもりかと思ってしまうほど振り抜いて、振り抜いて、序盤から相手を圧倒していくようなスタイルだ。

序盤からアグレッシブに勝負を決めにかかりたいタイプにとっては――それがトップ選手であっても――、粘着系のラバーは優れた武器になる。

指導者としての視点で言えば、粘着系のラバーを使わせるのは少し勇気がいる。選手の振り方と上手く噛み合うか、不安な面もあるからだ。

ただ、しっかりとスイングを振り抜ける選手がもうひとつステップアップするには、非常に優れた効果を発揮するケースも多い。積極的に検討してほしい武器だ。

プロでの愛用者で言うと、日本卓球界の新星・松島輝空選手がバタフライ社の「スピンアート」という粘着性ラバーを使っている。

「スピンアート」は粘着性ハイテンション系ラバーと呼ばれるジャンルで、粘着性ラバーの強烈な回転力にハイテンション技術も加え、さらに弾みを加えたとされている一枚。

打ち方と上手く噛み合えば、松島選手の様な強烈なドライブを生み出す原動力になり得るラバーだ。

■表ソフトラバー

弾いて打ちにいくのが得意な選手が、長く球を持つ（ラバーに食い込ませる）ことはあまりない。こういう選手には、表ラバーが向いている。

シェークハンドの場合、フォアが裏ソフトラバーでバックハンドが表ソフトラバーという組み合わせは、ファア面とバック面とでボールの質が変わるために相手にやりにくさを与えることができる。

伊藤美誠選手などが、このスタイルを極めた好例だろう。

彼女のスタイルを見ていてもわかる通り、このスタイルの武器はとにかく速さ。フォア面からは王道のドライブボールが出るのに、バック面からはナックル性のミート打ちのようなボールを繰り出せる。そこで相手のリズムが狂う。

先にも書いた通り、特に近年の女子卓球ではピッチの速さが求められるようになってきている。そうした傾向と、このスタイルがマッチするのだろう。

表ラバーにするメリットは、それだけではない。

表ソフトラバーにすることによってもたらされる重要な効果として、レシーブがしやすくなるということもある。

レシーブ上達のコツは、慣れ。上手いサーブの選手と多く接して慣れるのが一番だが、そういった経験を重ねても、どうしても上手くなれない選手というのもいる。

そんな時、表ソフトラバーが役に立つ。

ツブ高ラバーほどではないが、回転を殺せるからだ。

プロレベルの、台上でグニャグニャに曲がるようなサーブではない限り、レシーブが上手くできるか、できないかは、突き詰めると下回転系か横回転系かを読み切れるかどうかがベースとなる。

ただ、レシーブが上手い熟練の選手ともなれば、サーブに対してラケットを当てる瞬間に、どちらでも返せる角度のストップ&ツッツキを習得しているものだ。

この点についてはレシーブの項目でも書いたが、彼ら一流選手のストップとツッツキの角度は本当に絶妙。

数センチ、いや数ミリの世界と言っても過言ではない。上達すれば、そんな絶妙のレシーブを裏ラバーでもできるようになる。

だが、レシーブが悩みという選手には、なかなか大変なことだろうと思う。中級者、県大会の予選あたりで苦戦している高校生などに多いと思う。

そこで、レシーブがどうしても下手、レシーブさえできればあとはなんとかなるのに……という選手は、シェークハンドの場合はバック面を攻撃のためではなく、レシーブをなんとかするために表ソフトラバーにするという発想もありなのだ。

表ソフトラバーなら回転を殺せて、レシーブの角度をごまかせる。

絶妙な角度のストップやツッツキも、裏ラバーよりもわりと簡単にできるようになる。

表ソフトラバーに変えるのは、ツブ高ラバーに変えるより手軽に試せるので、レシーブで苦労している選手はレシーブ強化のために表ラバーという発想を一度試してみる価値はある。

■ツブ高ラバー

先に断っておくが、私はツブ高の専門家ではない。

だが、長い卓球歴のなかで多くのツブ高マンを見てきたし、ツブ高マンという個性派の選手たちとの対話によって、ある種のやめられない面白さや中毒性があるということも理解しているつもりだ。

まず、ツブ高の初心者だが、これはＴＳＰ社の「カールＰ３」や、バタフライ社の「フェイントロング」など、スタンダードなものから慣れていくという意識で始めるのがいいと思う。厚さは、スポンジなしのＯＸか、薄くらいが良いだろう。

慣れたうえで、ツブ高マンでいくと決めたら、さらにいろいろなラバー、自分のカット性ショートや、自分のプッシュと噛み合う一枚を探していくという流れが良いのではないか。

中級者ならば、厚みを変えてみるという手がある。

たとえば○Xの選手ならば、同じラバーで薄いスポンジを入れてみる。

その逆もあり。スポンジを抜いてみる。

そのうえで、ツブ高で一番大事な、自分にスポンジは必要かという点を見極めていく。そして、いろいろなラバーを試してみる。

海外のメーカーでは、ジュイック社の「デスペラード」や「デスペラード2」などがよく売れていると聞く。たしかにバランスがいいツブ高だ。切れ味もある。

前陣ツブ高の選手は「デスペラード」シリーズを試してみて、一度、自分のプッシュの弾道を変えてみるというのもありだと思う。

さらに、ツブ高の上級者には、こんなラバーもある。

本章の最初で名前が出てきたが、一時期大きな話題となったティバー社の「グラスディーテックス」だ。

これを使用する前陣ツブ高マンやカットマンを大会で多く見かけた。その使用感は、多くの選手が口にする通り〝ジャジャ馬〟だ。

たしかに、話題を呼ぶほどの反転性はある。要するに、切れる。鋭いドライブを真下に切り落とすと、いったいどれほど切れるのかというほどに、切れる。弾道の変化も、予測不能な球が出る。

だが、本当にジャジャ馬であり、プッシュなどの細かいプレーの最中には、どこへ飛んでいくのかわからない危うさがあるように感じた。

個人的には、前陣ツブ高の選手よりカットマンにやや向いているのかなとも思うのだが。

おそらく世界で最も切れ味があるツブ高で、大変魅力的だが、そのぶんコントロールが大変だということは念頭においてほしい。

■カットマンのためのラバー①

カットマンの最もポピュラーな形として、フォアが裏ラバー、バックがツブ高ラバーというのがある。

これは、カットマンがプレーしやすいスタイルで、カットマンの基本と言っても過言ではない。

普通、基本をマスターする前の初心者に、いきなりツブ高ラバーを使うようなことはあまりさせない。バックハンドのスイングがまったくできなくなってしまい、ツブ高ラバーから抜け出せなくなってしまうからだ。

ただ、話が初心者の段階からカットマンということになると少し変わってくる。

そのままのスタイルを崩さずに卓球人生を歩んでいく選手も多いだけに、初めからツブ高ラバーを貼っても良いと思う。

フォアに裏ソフトラバー。バックにツブ高。

このスタイルを取る場合、何をして、どう仕掛けるのかをお教えしておこう。

今の時代、この形のカットマンが念頭に置くべきことは、どう攻撃に繋げるかだ。

現代卓球では、カットマンが攻撃することは必須条件となる。

いや、むしろ、カットマンのカットは攻撃への布石と意識しておくくらいで良い。

ドライブマンは、試合の相手がカットマンだと知ると、カット打ちをやらされるという考えが必ずどこかに芽生える。

その隙を突く。

攻撃のほうが多いくらいのカットマンになるイメージだ。

そう考えると、ツブ高の使い方も、従来のカットマンとは少し変わってくるはずだ。

たとえば、相手がツッツキをしてきたら、それをツブ高でプッシュする。カットではなく、ツブ高でプッシュしてしまうのだ。プッシュを深く食い込ませて相手を上ずらせ、そこから体をフォアに切り返して前に飛び込み、ドライブ、もしくはドライブスマッシュで決めにいく。

ツブ高の面でツッツキを打つ時はカットを少なくし、プッシュして即攻撃へというイメージだ。

攻撃するためのツブ高である。

しかし、この形もあまりに一辺倒だと試合のなかで相手も慣れてくる。

いかんせん、ツッツキをツブ高でプッシュしても弾道の変化はつけられるが、回転をかけられるわけではない。つまり切れない。ナックルになってしまう。

したがって相手が慣れてしまうと、どんなに鋭い角度で深く突けるツブ高プッシュでも、そのナックルプッシュ自体を狙われるようになる。

そこで、中級者~上級者のこのスタイルの選手は、たとえツブ高のカットマンであっても、自分から切るカットも混ぜることが求められている。

むしろこれさえできれば、相当に仕上がったカットマンが誕生する。

ツブ高カットマンが上達して求められるのは、下回転とナックルをどれだけ切り分けられるかということなのだ。

この大きなポイントを、どうクリアするか。

ツブ高だとナックルを切るのは難しいと思われているだけに、なおさら、自分からドライブをかかっていないボールを切れるようになると素晴らしい武器となる。

その時に、絶対に自分から切ることができないようなツブ高ラバーを使っていては、どんなに一生懸命にスイングをして切ってもナックルになってしまう。

ツブが柔らかすぎたり、高すぎたりすると、ナックルの弾道変化は大きく出せるが、そのぶんうっすらとした下回転すら切るのが難しくなる。

振り方の努力次第では、ナックルを切れるツブ高ラバーを使ってみよう。

たとえば、ニッタク社の「ロンクリフト」。

このラバーはツブ高ながら微粘着なので、スイング次第では、ナックルボールでも自分で切ることができる。なかなかの高性能だと思う。

このスタイルを作るために練習でやっておかなければならないことは、まずは切り返しの速度を上げること。

バックカットをしたら、手や足だけではなく、身体全体をしっかり切り返すこと。

そうしなければ、スムーズに攻撃に転じることはできない。

この身体の切り返しを、何度も何度も練習して自分に染み込ませることだ。

そして、ナックルツッツキを、ツブ高カットでしっかり切る練習も必要。

難しいが、ボールの下をエグるように切り抜く。日本刀で竹を切るような鋭い意識を持って切り抜いてほしい。

前述したように、本当にどのツブ高を使うか次第ではあるが、必ずツブ高でも切れるポイントは存在しているので、そこを見つけていただきたい。

まとめると、並行足くらいで台の真ん中に立つ。

相手のツッツキを、ツブ高を使ってナックルプッシュ、もしくはそれを自分から切って驚かせる。

それによって相手は、カットを返す際の角度に迷いが生じ、浮き球が生まれる。そこを絶対に逃さず決める、ということになる。

そうなるとフォア側のラバーが問題となる。

カットを切り分けることができて、かつ、後陣からの攻撃力がなければならない。このタイプのカットマンの選手からの、フォアはどのラバーが最適かという質問も本当に多い。

私なりに導き出した、いくつかの答えをお教えしたい。

たとえば、この戦型でトップレベルの選手、東京アート所属の村松雄斗選手（2020年5月現在）などが使っているような、エクシオンの「ヴェガ・ヨーロッパ」。こういった、失速が少なく、伸びやかに打てるラバーは有力な武器となる。

つまりフォアカットとしっかり噛み合いながらも、後陣から伸びやかなドライブを失速なく打つことができるラバーでなければいけない。

このタイプの選手における、私自身のオススメは、ニッタクの「モリスト・ディフェンス」だ。中級者〜上級者くらいのカットマンのフォアに最適だと思う。

それから、多くのドライブマンが愛用する「テナジー」を、私はここでも推奨したい。カットマンが総合力を上げ、さらに攻撃力も上げるという点でも、絶大な効果を発揮すると感じている。

隙を見つければ、即、攻撃に転じる。

そんな、現代流の攻撃的カットマン。ぜひ、チャレンジしてみてほしい。

■カットマンのためのラバー②

前項から引き続きカットマンの話になるのだが、フォアが裏ソフトラバー、バックが表ソフトラバーという組み合わせのカットマンも面白い。

カットマンこそ、道具をどう使うか、どの道具が良いのかより、何をするかを先に決めて、それに合った道具を選ぶのが良いだろう。

そこで、バック面が表というカットマンスタイルが思い浮かぶ。

こういう選手がいる。想像してみてほしい。

フォアは裏ソフトラバー、バックは表ソフトラバー。

試合の前半は普通のドライブマンで、バックハンドは主にブロックとミート打ち。

試合の後半、いきなり2球に1球くらいの割合でカットマンスタイルに切り替わり、後半の競り合いに強いというカットマンの特性を思う存分に生かして勝ち切る。

このスタイルで、何度も全国大会に出場している。

一見するとかなり変則的だが、一試合のなかでカットマンをしない時間があることや、表ソフトラバーを貼っていることで、初対面の相手には後半までカットマンだと気がつかれないというメリットがある。

また、前項でテーマだったバックカットは、表ソフトラバーを貼っているために、自分で切る、切らないを調整もできる。

このスタイルは非常に面白いなと感心させられた。

一試合のなかで、カットに慣れさせないカットをするために、バック面に表ラバーを貼り、前半はドライブマンで戦うというこのスタイル。

やり通すには、そもそもの攻撃マンとしての鍛え込み方が重要になるが、やってみる価値はある。

普通のカットマンをしていて、限界を感じている選手。カットマンもやってみたいが、全面的にカットマンになるには、少し抵抗を感じている選手。そういった選手には、検討してみてほしいスタイルである。

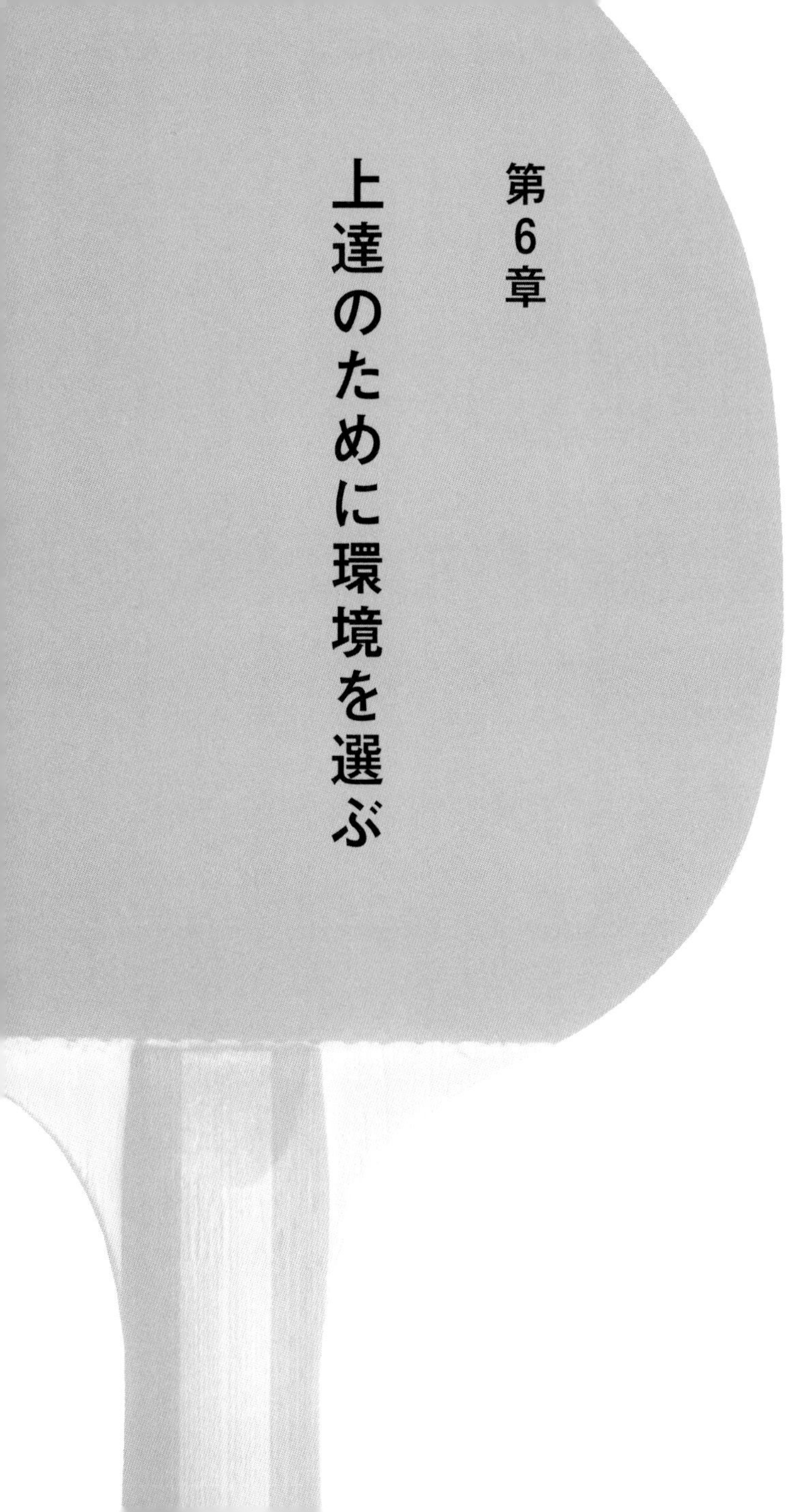

第6章 上達のために環境を選ぶ

■卓球は環境のスポーツ

「卓球は環境のスポーツ」

このフレーズをよく耳にするようになったのは、いつからだろう。とても正鵠を射た言葉であり、それと同時に少し怖くなるような言葉でもある。まるで、環境だけで強くなれるようにも受け取れてしまうからだ。

卓球上達、卓球センス向上の道は、基本的にはやる気と日々の練習。そこに才能という要素が絡み合って環境選びに繋がっていく。

つまり、まずは選手それぞれの心がけ次第。それを開花させるためにあるのが環境だということだ。努力もせずに環境だけを求めても最良の結果には繋がらないので、すべてを環境のせいにしないことだ。

これを念頭に、まずは環境を選ぶのだが、環境を選ぶうえで大切なのは、まずは自分の〝目標〟と合っているところを探すこと。

これが環境選びの第一歩となる。ここを間違えてはいけない。

プロを目指して卓球漬けの青春を送るわけではないのに、エリートアカデミーのような専門施設に入っても無理が生じるだけ。もちろんその逆も然り。早い段階から全国区のトップレベルを目指したいのに、それを実現できない指導者や選手たちと同じ場所にいては、良い結果を出すのは難しい。

小さなお子さんを持つ親御さんも、〝目標に合わせて環境を選ぶ〟という意識を常にお持ちいただければと思う。

今はインターネットサイトの評判も参考にできる時代ではあるが、可能ならやはり実際に現地を訪れて、見学するべきだろう。スポーツの現場の雰囲気は、その場に行かなければわからないものだ。

また仮に見学ができなくとも、インターネットの評判よりも近くの友人や友人の友人などが通い、感じたことを参考にするといい。インターネットよりも、名前がわかるような近しい範囲からの具体的な体験談のほうがずっと参考になるだろう。

いずれにしても、卓球が環境のスポーツであることは事実。

そこで本章では、選手はどのような環境を選べば良いかという点について、もう少し詳しくお伝えしようと思う。

■選手の長所と短所がわかる指導者

短所をなくすか、長所を伸ばすか。

これは、卓球に限らずどのスポーツにおいても非常に難しいテーマだ。賛否両論があるだろうが、私の思うところを述べておきたい。

短所、すなわち弱点は少ないほうが良い。

もちろん、ないならないに越したことがない。

卓球のプレーにおいて、できないことが少ないほうがいいのは言うまでもないし、弱点をなくすことに重きを置く指導者がいるのも知っているし、それが間違っているとも思わない。

だが、私なら選手の長所を伸ばす。

長所を伸ばすことで、短所をカバーするというやり方を取る。なぜなら、私自身が長い卓球人生のなかで苦手なプレーは、やはりいつまでたっても苦手だからだ。弱点を、長所を伸ばすことでカバーしてきたという自負もある。

たとえば、すべての卓球選手にとっての課題であり、かつ、現代卓球の大きなポイントとして上げているレシーブ。

卓球はどこまで突き詰めても、最終的にはレシーブに関する課題がつきまとう。地区大会レベルでも、全国大会でもそうだ。結局、サーブをきちんと取れるかどうかということが、そのまま勝負の分かれ目になることも多い。

そこで私なら、できないストップレシーブなどに固執するよりも、チキータしてしまうほうが取りやすいと教える。

できないストップを決めることを狙うより、少しだけ上手いチキータをさらに上達させるのだ。

チキータは強い回転をかけていく技術だ。そのため、いくら相手のサーブが強烈で多彩なものでも、チキータ＋バックドライブで返球できる。

チキータが得意なら、おそらくバックドライブも得意としているはず。そのどちらもが、そう簡単には回転負けしないレベルに仕上がっているのなら、バックハンドで回り込み、2球目から攻めていくような作戦をとる。

チキータから入ると決めたら、ほぼ100％チキータかバックドライブでの展開で入らなければいけない。

チキータで入ろうとして、予想外にフォアへのロングサーブが来た場合、フォアハンドに切り返すのはレベルが高くなれば不可能に近い。

現在、日本でこれを難なくこなしているのは、ダブルスの名手としても名高いサウスポーのトップ選手、岡山リベッツの森園正崇選手（20年5月現在）くらいではないだろうか。

私も何度か彼の試合を拝見させてもらったが、チキータの構えで入って、長めのサーブだと判断したとたんフォアハンドに変えるという、常人にはできないようなとんでもない動きを披露していた。それも、世界のトップレベルで。

こういった動きはおそらく天性のもので、真似しようがない。

通常ならばバックハンドで回り込んだら、そこでの2球目の処理はバックハンド技術の何かでケリをつけなければいけないものだ。

相手のサーブに対してバックハンドで回り込むということは、フットワークも相当に鍛えておかなければいけない。

だが、苦手なレシーブの練習をするよりは、得意とするチキータとバックドライブのためにフットワークを鍛えるほうが気持ちのうえでもポジティブになれるし、意識の持ち方も変わってくる。

では技術面以外、精神面、気持ちの面ではどうだろう。

私は、精神面でも、得意な技術だけを想定するようにしている。

「もしミスしても、自分は得意のサーブで点数が取れるんだ」と思うほうが、レシーブの時にも思い切った判断ができると選手たちにも教える。

卓球は必ず、相手のサーブのすぐ後に自分のサーブの番がやってくるのだ。そのためには、長所であるサーブの練習を山のように積んでおくこと。

なぜ長所と短所の話のなかで、ここまでレシーブに触れるのかというと、レシーブはすべての選手に共通する最大の悩みだからだ。

本書のなかでも、レシーブが取れない時にどうするか、その時の対策、また、そのためにどんな練習をしておけばいいかについて徹底的に解説してきた。

だが、ここまで読み進めた読者のなかには、それでもまだレシーブが苦手という人がたくさんいるのは間違いない。

サーブが取れない、レシーブができない……中級レベルの選手がベンチに引き上げてきた時に吐く言葉で、最も多いのがこれなのだ。

その時の顔と表情は戦っている選手とベンチで見守る者、選手同士にしかわからないものがある。サーブが取れない……。そんな時には、情けないような、困ったような、ある種独特の雰囲気が醸し出される。

その試合の大会が大きければ大きいほど選手の背負っている思いも強くなり、なんとかレシーブする、そして自分の力を出し切るという意識も強くなる。

だがそうすると、力が入り、硬くなる。硬くなるから、苦手なレシーブがさらに入らなくなる。そんな負のループに陥ってしまうのだ。

サーブが取れないというだけで、選手は大きなプレッシャーと対峙しなくてはならないのだ。

だからこそ、チキータする、自分のサーブで取り返せるといった長所を強調する。そして練習でもこれらを強化する。

弱点を潰すことに時間をかけるか、それとも長所を伸ばすことに専念するか。絶対的な答えは、永遠に出ないかもしれない。

ただ、いずれにしても、自分の弱点、できないプレーをよく知っておくことが大切だ。

そのためにも、短所と長所、そしてできることとできないことを、きちんと見抜いてくれる指導者を選びたい。

■〝イジる〟と〝あやす〟、誤魔化しの指導者は避けよう

今では、口より先に手の出るような指導者は少なくなってきた。とてもクリーンで、まっとうな指導が多いと感じる。これはスポーツ界全体にとって間違いなく良いことだ。

ただ、どこかでガツン！と言わなければならない時があるのも事実で、ここに指導者のバランス感覚が求められる。

では選手側は、この点について、どんな基準で指導者を選べばいいか。

私は、根が優しい指導者を選ぶべきだと思う。愛がある指導者とでも言うべきか。

中学生くらいの子を面白おかしくいじる、小学生くらいの子供をあやすというのでは、単なる人気集めにしかならない。

その一方で、ガツン！と言ってばかりで、楽しさを忘れてしまっているような指導者は、選手のためではなく自分が勝ちたいだけのようにも感じる。

やはり大切なのは、ガツン！と指導するなかに愛があるかどうかだ。

実はこの項目は、私自身も反省しなければいけない部分でもある。

私は、選手とのコミュニケーションを重視して指導するあまり、選手と仲良くなりすぎてしまうことがある。

その結果、「選手に慕われているのがわかる」と言っていただくこともある。

ただ、慕われていることがすぐに見えてしまうということは、やはり、心持ち厳しさが足りないということなのかもしれない。

もちろんこういったことは、時代の流れや、時代の流れに常に敏感である子供たちに合わせることが必要な場合もある。人間関係、信頼関係、師弟関係というのは、スポーツの世界でも、非常にデリケートなもの。だからこそ難しいのだが。

選手の立場としては、自分の指導スタイルを貫きながらも、柔軟に生徒たちに合わせられるバランスの取れた指導者を選びたい。甘言だけでなく、時に理にかなった苦言を呈してくれる指導者は、必ずいる。そしてそういった感覚を持っている指導者は、人としても信頼できるもの。

自分が行き詰まった時、迷った時に、真剣に相談できるのはそういう指導者だ。

私もそういう指導者になれるよう、日々努力していくしかないと思っている。

■卓球への「恩返しの心」がある指導者

本章の最後に、少し変わった視点を。

選手のことをいかに思ってくれるか、いかに選手のためになる環境づくりと指導ができているか。本来の指導者選びでは、こういったことが重要となる。

面白いクラブがある。

私より若い指導者で、大きな指導実績があるわけでもないのだが、地元の高校生たちが楽しそうに通っている小さなクラブがある。

教えているのは監督1名、コーチ1名の計2名。

そのクラブの特徴は、監督が選手のことを強くしようとする姿勢はもちろんだが、卓球という競技に〝恩返し〟をしようとしていることだ。

自分の青春は卓球と共にあった。卓球に楽しませてもらった。卓球がなければ友達もできなかった。田舎の卓球連盟に楽しませてもらった青春だった。だから恩返しをする。その監督は、そう語っておられた。

そして、中高生の選手たちがそれをちゃんと感じ取っているのもわかった。大きな指導実績はないと言ったが、決して卓球エリートではない子供たちが集まり、少ない人数のなかから、まもなく北海代表になろうかという高校生も出てきている。

このクラブの光景を見た時、環境のスポーツと言われる卓球において本当の意味で最善の環境というのは、監督が、選手だけでなく、卓球自体に恩返しようとしている姿勢なのではないかと感じた。この点にも着目して指導者を選ぶのも良いだろう。

なかなか珍しい着眼点だと思うが、卓球への恩返しということは、選手一人一人がここで卓球をして楽しいと思える環境、時間を作ろうとしているということ。

それが結局、選手一人一人の幸せや上達、充実につながっていくのだと思う。

第7章

指導者としてのセンスを磨く

■指導者のあり方

最後の章では選手ではなく、指導者へ向けたお話をさせていただく。

選手のなかにはいずれ指導者になろうと考える人も多いだろう。その際の指導者側の視点を身につける参考になればと思う。

世間一般には、卓球はおとなしく（指導が激しくなく）、平和的なスポーツだと思われているふしがある。

だが、それは大きな間違いだ。

人気の卓球漫画『ピンポン』（小学館刊）を読んだことがあるだろうか。

そのなかで激しすぎるトレーニング、背負ったプレッシャーと、試合前の張り詰めた緊張から嘔吐するシーン……など、一般に知られている卓球のイメージとは異なるシーンがリアルに描かれている。

残念なことに、かつては手を上げる指導者も多く存在したのも事実。私から言わせれば言語道断の指導法で、私は後にも先にも選手に手を上げたことはないし、今後するつもりはない。

また、『ピンポン』に描かれているような、不調をきたすほど選手にプレッシャーをかけるともしない。そんなことをしても、楽しく続けることができないし、誰も幸せにならないからだ。第一、常日頃からスマートフォンがポケットに入っている今の中・高生に、理屈抜きの根性論や精神論が通用するわけがないのだ。

根性論や精神論は、普段、理屈が通っていて選手からの信頼を得られているからこそ、指導のスパイスとして機能する。理屈で納得してもらい、信頼されて初めて精神論的な部分も織り交ぜていくことが大事なのだ。

そんな私の指導のモットーは、「常に楽しく、言葉は厳しく、でも、理屈がしっかりしていて、選手が納得するように」だ。

そしてそのうえで、2つの愛情をもって選手と向き合うようにしている。

■〝納得〟と〝信頼〟

選手から信頼されなければ、監督やコーチとしては失格だ。これは、いつの時代も変わらない真理だ。

しかし現代では、その信頼を得るための方法が変わってきている。ひと昔前の方法では、信頼を得ることはできないのだ。

「理屈」→「納得」→「信頼」

今の選手から信頼されるには、この順番が大事だと思ってもらいたい。

現在の子供たちは、こちらの感情を先にぶつけても聞き入れてはくれない。また、私は全日本選手権マスターズの部で何度も優勝しているが、そんな実績だけ持っていても選手たちはついてきてはくれない。

パーソナリティも大事だが、どんな人格の優れた指導者であっても、指導は「理屈」→「納得」→「信頼」という順番で、地道に信頼を勝ち取りながら進めるしかないのだ。

「今日からこの人が指導者です」と紹介されたところで、すぐ翌日から選手たちが素直に指導を聞き入れてくれるということはない。

指導者は選手とのファーストコンタクトとして、「理屈」に裏打ちされた、ちょっとしたアドバイスから入ってみてもらいたい。

その理屈に「納得」してくれるようなら、その小さな納得の瞬間を、日々、重ねていく。これが「信頼」に繋がっていく。

理屈にかなっていない理想論や自身の思い込みの押し付けは、選手たちには簡単に見透かされてしまう。現実には、論破したところでスポーツは上手くならないし、勝てるようにもならないのだが、子供が論破したくなるような指導者の言うことをきく選手もまたいないのだ。そのためには、納得の積み重ねで得られる信頼が大切。

「納得」し、「信頼」してもらう。これが指導における選手との大切な関係だと考えている。

■選手との「距離感」

「常に私に言え」

私が選手と接する際の口グセだ。

言葉を、真っ先に自分（指導者）にぶつけさせる。自分にぶつけるという約束をする。これが、今の時代に信頼される指導者の必須条件だと考える。この方針のおかげで、私は大きなモメごともなく指導を続けることができている。

高校生くらいの若い選手には独特の距離感がある。この距離感を大事にすることが、なかなか重要なことなのだ。

そんなものは知らない、私は私のやり方でやる、というならそれもいいだろう。本来、指導者にはそれくらいの信念があっても良いと思う。実のところ私自身もそう思っているところがある。

だが、今の時代は、ＳＮＳの発達もあって子供たちも独自の人脈を構築することができる。子供たちがそこで受ける影響力が大きければ大きいほど、一生懸命に育ててきた教え子が、手を離れていってしまうケースも非常に多い。

去る者は追わずというスタイルでもいいが、せっかく上手くいっていた人間関係が崩れていくのは、それは指導者にとっても、そしてなにより子供たちにとって悲劇なのは間違いない。

情報過多の時代、他人の庭は青く見えるもので、卓球で言うならほかのクラブチームの話などは、耳触りのいい話ばかりが入ってきてしまうもの。

前項で述べたような理屈の通った指導を繰り返し、選手に納得してもらう。そして、その納得の数が多ければ多いほど、選手はＳＮＳを通して見えた都合の良い青い庭より、目の前にいる、現実の指導者を信頼するようになる。

その信頼関係を築くためにも、「常に私に言え」と、若い選手たちに言葉の矛先を差し出せばいいのだ。

■〝言い訳選手〟は必ず叱る

主に子供への指導を想定して執筆しているが、今の時代は、選手に強く指導しても、それを上手く吸収してもらえないことも多い。叱らなければならない場面だ。ただ、叱るが、〝慎重に〟叱る必要ある。

選手に対して手を上げるような指導者は言語道断だが、選手によっては口頭で叱る必要はある。次の3タイプの選手がそれだ。

・環境のせいにする選手

卓球は、たしかに環境のスポーツと言われる。良い環境で一気に強くなり、そうではない環境では強くなれない。そんな現実があるのもたしかだ。しかし、それを練習段階で口に出しているようではいただけない。

今の環境が嫌なら移籍すればいいだけだ。良い指導者がいない、打つ相手が良くないなどと環境への文句を言う選手には、こう伝えなければならない。

「まずは、その環境のなかでベストを尽くせる選手になりなさい」と。

・練習不足のせいにする選手

高校生、特に、公立高校の場合は練習量が限られてくる。進学校ともなればなおのこと、部活動の時間やクラブチームでの練習時間も限られる。

ただ、進学校にいながらも強くなる高校生は必ず、限られた練習時間を大切に使うという強い意識がある。

毎日ダラダラと練習するより、仮に週に3日3時間という限られた時間の練習でも、「この練習で覚えることを決める」、「この練習ではこれをできるようにする」と、自分なりの目標を意識、設定して取り組む選手は強くなっていく。

練習不足のせいにする選手ほど、試合で自分ができなかったことを意識せずにダラダラとした練習に終始していることが多い。意味のない練習が多すぎるのだ。限られた練習時間をどれだけ有効なものにするか、選手に意識させるような指導が必要だ。

・ボールのせいにする選手

ボールのせいにするのは、卓球選手にありがちな言い訳で、試合後にボールが合わなかったと口にする選手は非常に多い。

卓球はほかの球技よりもボールが小さく、ボールが合う、合わないという感覚はとても繊細で重要なことではある。ただ、すべての敗因をボールのせいにしている選手も少なからず見かける。

「いつもボールが合わなくて負けているじゃないか」と、思わずツッコミたくなる選手もいる。

そういう選手には、そもそも自身の実力はどうなのか。そして、相手のボールに上手くかみ合わせるのも実力のうちだと教えてあげるべきだろう。

私は若い頃、男子選手よりボールが伸びてこないと言われる女子選手とよく練習をしていた。

当然ながら、打ち始めは球が合わないと感じる。だが、そういうボールと試合で当たるかもしれないと気持ちを切り替え、女子のボールを前に踏み込んで打つ練習にしていた。

また、女子選手は女子選手で、私のボールと接することでいつもより伸びてくるボールに対応するための練習にしてくれていた。

このように、どんなボールにでも合わせる練習を日ごろからやっておけば〝球が合わない症候群〟は解消できる。

最後に、この3点にだけは、指導者としてガツンと言っておきたい。

今のその環境は、自分で選んだ環境だ！
練習不足じゃない、試合に生きる練習を避けているだけだ！
ボールが合わないんじゃない、おまえに、合わせる実力がないんだ！

■指導者が持つべき、卓球愛と強くしたい愛

精神論、根性論が通用しない今だが、卓球を指導するうえで、それでも必要な気持ちについて触れておきたい。

昔は、監督の選手を強くしたいという気持ちが、わかりやすくストレートに選手に伝わる時代だった。

だが今は、そう一筋縄ではいかない。

実は、選手を強くしたいという気持ちは、監督自身のエゴでもある。監督自身が勝ちたいという気持ちも少なからず入っているものだ。

もちろん、その気持ちもとても大切だが、だからといって、監督やコーチのエゴばかりで勝利へ向かっていると選手サイドに伝わってしまうと、選手のモチベーションは上がらず、結果として上達しない。上達しないばかりか、部活を辞める、クラブを辞める、ひいては卓球自体を辞めるという生徒がかなり増えているのだ。

卓球以外にも楽しいものがいろいろとあるこの時代。上を目指す厳しい練習を課しながらも、卓球が最も楽しいと実感し、継続させるにはどうすればいいのか。

私は、指導者自身の卓球愛がカギになるのではないかと感じている。

指導者が、卓球という競技自体のために頑張っている。それゆえに、たまに激しい言葉、檄が選手に飛ぶこともある。

そういう卓球愛に裏打ちされた教え方であれば、選手たちは多少なりとも尊敬の念をもって、指導に耳を傾けてくれていると感じる。

選手を強くしたいという思い。これは指導者であれば持っていて当然のこと。

それにプラスして、自身が卓球を愛しているという姿勢を選手に見せられているかどうか。それを、時々、自問自答してみる。

私自身、これからも心がけたいことのひとつだ。

あとがき

本書の最後に、これまで私に関わってくれたすべての卓球人たちに、この場を借りて大きな感謝をお伝えさせていただきたい。

卓球の世界は広いようでいて実はとても狭く、小さないざこざや、衝突を数え上げればきりがない。

仲良くできた人、決してそうではなかった人、意見の合う人、合わない人……、私の卓球人生にも多くの人々との出会いがあった。

だが、今はそのすべてに感謝したい。

これまで様々な卓球観と出会い、向き合い、時には衝突もした。だが、そのすべてが、今の私をつくり上げる力となり、選手として自分を鍛える糧となり、指導する力の素となってきた。

最もわかりやすく、ありふれた言葉ではあるが、卓球に関わる本を書き上げた今、私には、ただただ〝すべての人に感謝〟という言葉しか心に浮かんでこない。

なかでも旭川実業高校在籍時代、私に卓球のすべてを教えてくれた関監督には、心より最大の感謝を捧げたい。

そして、現在お世話になっている札幌龍谷高校卓球部には、これから、私の指導と方法論のすべてを注ぎ、成績と成果で恩返しをする決意でいる。

さらには、これまで多くの選手を教える機会をいただいた旭川の子供たちには、今もコーチを務めさせていただいているクラブチーム「翔くんとゆかいな仲間たち」の選手を中心に、これからも躍進を遂げてほしいと願っている。

また本書の刊行にあたっては、空知のクラブチーム「テーブルテニスクラブ・リバイバル」の墓田監督の力をお借りした。改めてお礼を述べたい。「リバイバル」は、監督自身の、出身地の卓球に恩返しをしたいという気持ちが詰まったアットホームな良いチームだ。

卓球というスポーツには、多くのかけがえのないものを教えてもらった。
私の卓球人生は、まだまだ、先へと続いてゆくだろう。

手前味噌になるが、私はマスターズの北海道予選を10連覇中だ（20年5月現在）。その10連覇の優勝の賞状を、卓球一筋の私の人生をこれまで暖かく見守ってくれた、紋別の両親にプレゼントさせてもらった。
卓球一筋の人生は、決して私一人では実現することはできなかった。そのためにも今は、指導者としての精進と共に、自分自身の練習にも精を出す日々を過ごしている。

本編では、私の卓球の技術や戦術、練習方法、そして、今までの卓球人生で学び、見てきたもののすべてを、身の引き締まる思いでお伝えしたつもりでいる。

読者の方にとってひとつでも役に立つ項目があれば、これ以上の喜びはない。

最後までお読みいただき、本当にありがとうございました。

本書が、あなたの卓球ライフの、より一層の充実に繋がるよう願っています。

そして、あなたがより精度の高いボールを生み出し、より強靭な卓球スタイルを身につけ、次の試合でキッチリと勝つ。本書がそのキッカケになることを、心から願っています。

2020年5月吉日

札幌龍谷高校　男子卓球部監督

三島　崇明

■著者プロフィール

三島崇明（みしま・たかあき）

1971年生まれ。北海道出身。

旭川実業高校から日本大学に進学後、サンリツ（元日本リーグ1部）、旭川自衛隊に所属。旭川実業高校嘱託職員、卓球部コーチを経て、現在は札幌龍谷学園高校で男子卓球部の監督を務めている。

全日本選手権男女混合ダブルス3位、全日本社会人選手権30代マスターズ優勝、全日本社会人選手権40代マスターズ優勝、全日本ラージボール選手権40代シングルス優勝、全日本ラージボール選手権80代混合ダブルス優勝、全日本教職員大会団体・男子ダブルス優勝など、全国屈指の実績を持ち、その卓越した指導力に定評がある。

卓球センス養成講座

2020年 7月20日　第1刷発行

●著者　三島崇明《みしまたかあき》
●編集協力　本島修司
●本書の内容に関する問合せ
info@o-amuzio.co.jp
●装丁・DTP　石井理恵
●発行者　福島 智
●発行元　株式会社オーイズミ・アミュージオ
〒110-0015　東京都台東区東上野1-8-6　妙高酒造ビル5F
●発売元　株式会社主婦の友社
〒112-8675　東京都文京区関口1-44-10
電話：03-5280-7551
●印刷・製本所　株式会社Sun Fuerza

ISBN 978-4-07-341847-4